REMODELACIÓN DE COCINAS

CREATIVE
PUBLISHING
international

CHANHASSEN, MINNESOTA

www.creativepub.com

Contenido

Copyright © 1994, 2002
Creative Publishing international, Inc.
18705 Lake Drive East
Chanhassen, Minnesota 55317
1-800-328-3895
www.creativepub.com

Printed on American paper by:
R.R. Donnelley
10 9 8 7 6 5 4 3 2 1

President/CEO: Michael Eleftheriou
Vice President/Publisher: Linda Ball
Vice President/Retail Sales & Marketing: Kevin Haas

Planificación de la cocina 9

Cubiertas................................. 25

Índice 126

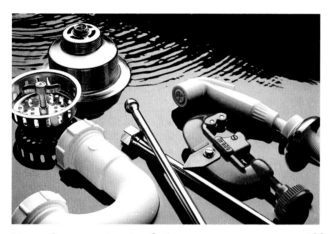

Plomería y aparatos domésticos.................... 109

Versión en español:
LUIS CARLOS EMERICH ZAZUETA

La presentación y disposición en conjunto de
Remodelación de Cocinas

Versión autorizada en español de la obra publicada en inglés por Creative Publishing international con el título de
KITCHEN REMODELING
©1989 por Creative Publishing international, Inc.
ISBN 0-86573-707-X (pbk)

Library of Congress
Cataloging-in-Publication Data
(Information on file)

ISBN 1-58923-102-3

Introducción

Remodelación de cocinas le ofrece una guía práctica de trabajo que le ayuda a saber cómo cambiar los pisos desgastados, las cubiertas y las alacenas de diferentes maneras. Para cada proyecto aparecen ilustraciones completas con fotografías a color y en cada una se tienen en cuenta las etapas de diseño, planificación y preparación del área que se va a renovar. Usted selecciona los materiales y nivel de habilidad que mejor le ayuden a alcanzar sus objetivos. *Remodelación de cocinas* le llevará paso a paso por el proceso que escoja.

Observe primero la cocina que aparece en esta página. Es un buen ejemplo de cocina antigua y deslucida que necesita reparaciones. Las alacenas están maltratadas, las cubiertas desportilladas y el piso está manchado y luce anticuado.

A fin de que sirva de inspiración, renovamos esta cocina vieja de cuatro maneras diferentes, utilizando los materiales y métodos descritos en este libro. En la página opuesta aparecen los agradables resultados.

La cocina antigua muestra alacenas dañadas, poco atractivas con cubiertas maltratadas y piso anticuado.

En todos los casos se cambiaron o modificaron las cubiertas, pisos y alacenas y se colocaron nuevos accesorios de plomería o artículos eléctricos nuevos. Una vez remodelada, cada cocina indica un nuevo nivel de habilidad de quien lo hace, diferente costo de materiales, así como complejidad del trabajo requerido.

En la sección introductoria del libro, Planificación, se explican los detalles de estos cambios. En el mismo capítulo encontrará sugerencias para evaluar la cocina que ahora tiene y diseñar la nueva, así como para la compra de materiales. El resto de esta obra se divide en las cuatro áreas principales de la renovación de cocinas: Cubiertas; Pisos; Alacenas; y plomería y aparatos domésticos. Cada sección se puede considerar como un manual completo de instrucciones en el que cada proyecto aparece detallado con fotografías a todo color. Al tratar las cubiertas, le brindaremos instrucciones acerca de la forma de instalar cubiertas laminadas preformadas, cómo hacer sus propias cubiertas con laminado de plástico, así como para la instalación de loseta de cerámica en cubiertas y lo necesario para que haga cubiertas de superficie compacta de acrílico.

Tratándose de pisos, puede aprender a instalar material vinílico en rollo o en losetas, parquet y duelas o tablones de madera, así como loseta de cerámica.

En la sección de alacenas encontrará cómo modificar las alacenas con que cuenta ahora, ya sea con pintura o con un estuche para remodelarlas; también puede ver cómo quitar y cambiar todas las alacenas. En la última sección le mostramos todo lo necesario para instalar tarjas, mezcladoras, lavadoras de trastos y trituradores de alimentos.

Nos agrada presentarle este manual de mejoras para el hogar, *Remodelación de cocinas*. Confiamos en que lo conservará como un valioso material de referencia durante muchos años.

Cuatro maneras de remodelar la misma cocina

El renovado fácil de la cocina incluye la pintura de las alacenas, losetas vinílicas elásticas autoadheribles y cubiertas laminadas preformadas.

La calidad dentro del presupuesto se logra forrando las alacenas, colocando piso vinílico, cubiertas laminadas y un nuevo fregadero.

Las características de un cambio importante incluyen cambio de las alacenas, pisos de madera, cubiertas de mosaico y nuevas hornillas con campana de ventilación.

La cocina totalmente nueva tiene alacenas nuevas distribuidas de manera diferente, pisos de loseta de cerámica y cubiertas acrílicas de superficie compacta.

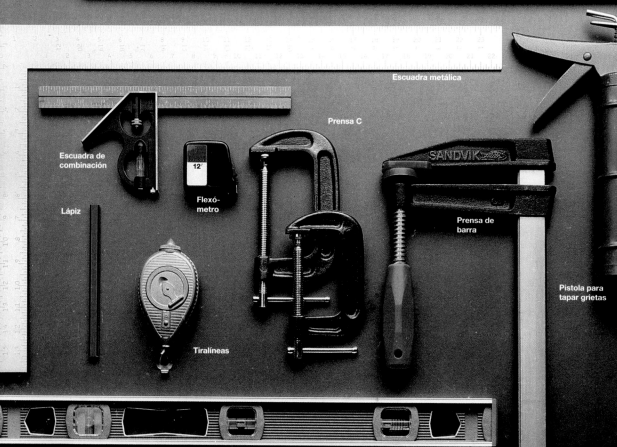

Regla metálica

Lijadora manual

Espátulas

Cuchilla con mango

Mordaza de carpintero

Mascarilla contra el polvo

Punzón para clavos

Martillo de uña de 16 oz.

Desarmador estándar

Desarmador en cruz

Anteojos de seguridad

Wonderbar®

Serrucho de mano

Escuadra metálica

Escuadra de combinación

Prensa C

Lápiz

Flexómetro

Prensa de barra

Tiralíneas

Pistola para tapar grietas

Nivel de carpintero de 2"

Herramientas

Para reunir una colección de herramientas de calidad no se requiere una fuerte inversión inicial. El propietario de una casa puede formar su colección de herramientas comprándolas conforme las necesite para cada proyecto. Invierta en herramientas de la mejor calidad hechas por fabricantes de prestigio.

Una herramienta de buena calidad siempre va acompañada de una amplia garantía.

Herramientas de mano básicas (fotografía en página opuesta). Son indispensables para el acabado de la mayor parte de la renovación de cocinas descrita en este libro. Una herramienta de mano de buena calidad le durará toda una vida y en el curso de los años, la usará muchas veces para las composturas y reparaciones en el hogar.

Las herramientas eléctricas básicas (fotografía en la parte inferior de esta página) incrementan la velocidad y precisión de los proyectos de renovación de cocinas. Existen muchas herramientas accionadas con baterías que pueden utilizarse en cualquier lugar, por lo que las conexiones eléctricas no limitan su uso.

Al comprar herramientas eléctricas, lea las etiquetas de especificaciones para comparar sus características. Si tienen mayor caballaje, mayores velocidades de motor y amperajes mayores, serán indicadores de una herramienta bien construida. Las herramientas de mejor calidad tienen cojinetes de rodillos o de bolas en lugar de tener chumaceras.

Sierra circular

Lijadora de cinta

Lijadora orbital

Sierra caladora

Taladro de 3/8"

Router

Desarmador de baterías

Planificación de la cocina

Cómo planificar la cocina

Para una buena remodelación de su cocina es indispensable planificar cuidadosamente. Esto le permite anticipar los problemas, permanecer dentro de su presupuesto y hacer un cálculo adecuado del tiempo necesario para terminar su proyecto. A fin de obtener el máximo rendimiento de su plan de remodelación, le conviene conocer los principios básicos del diseño de cocinas (página 12).

Identifique las áreas problema. Algunos problemas de su cocina resultan obvios: cubiertas manchadas y desportilladas, pisos gastados, falta de espacio en las alacenas y aparatos eléctricos anticuados o mal colocados. Trace un plano del piso de su cocina actual, señalando las áreas problema. Incluya todas las ubicaciones de puertas y ventanas, contactos eléctricos y elementos de plomería. Este plano le ayudará cuando sea tiempo de calcular los materiales para la modificación que planea.

Trace el plano del piso de su cocina señalando todas las áreas problema. El plano le ayudará a calcular la amplitud de su proyecto.

Defina el alcance de su proyecto.

Usted puede seleccionar un cambio relativamente fácil, como la instalación de losetas elásticas y nueva pintura para las alacenas. También puede instalar nuevas alacenas y hasta modificar la disposición de la cocina. Para determinar el tamaño de su proyecto, tenga en cuenta los siguientes factores: su presupuesto para remodelar, el nivel de su capacidad para hacer las cosas usted mismo así como el tiempo de que disponga.

Reúna información. Estudie las fotografías a color en libros y revistas analizando colores, materiales y aparatos eléctricos que le agraden y queden dentro de su presupuesto. De ser posible, recorte las fotografías y colecciónelas en un cuaderno. Visite las principales tiendas de menudeo y los centros para mejorar el hogar buscando muestras de pintura, muestras de laminados y papel tapiz para agregarlos a su cuaderno de recortes.

Calcule los materiales. Una vez que haya definido sus ideas, utilice el plano de su cocina para determinar el tamaño de ésta y la cantidad de materiales que necesitará para terminar el trabajo. Compare precios de dos o tres proveedores, indagando el costo de materiales similares y así poder afinar el costo total de su proyecto.

Determine la cantidad y costo de los materiales que necesitará. Investigue con dos o tres proveedores los precios comparativos.

Utilice un diseño que le ayude a evaluar su cocina

Haga nuevas distribuciones que le ayuden a visualizar las mejoras en su cocina. Experimente con distintos arreglos, indicando todas las medidas de las cubiertas en cada plano. Observe cómo los diferentes arreglos modifican el clásico "triángulo de trabajo". Seleccione el plan que mejor se adapte a sus necesidades.

Principio para el diseño de cocinas

Al comenzar a planificar su nueva cocina, tenga presentes los principios para el diseño de cocinas. Utilícelos para que le ayuden a identificar las áreas problema de su cocina actual y evaluar la eficiencia de la cocina que desea tener.

Establezca áreas de trabajo. En la cocina se tiene tres áreas principales de trabajo: 1) área de preparación de alimentos, que incluye el refrigerador y las alacenas para almacenamiento de alimentos; 2) área de cocinado, alrededor de la estufa, el horno y el horno de microondas; 3) área de limpieza, que combina el fregadero, la lavadora de trastes y el triturador de desperdicios.

El triángulo de trabajo en la cocina. La disposición triangular de las áreas de trabajo es el diseño clásico en la cocina. Permite un uso eficiente de las áreas de preparación de alimentos, cocinado y limpieza. Para formar este triángulo, sume las distancias entre las principales áreas de trabajo. El total no debe ser menor de 12 pies ni mayor de 21 pies. Un triángulo más pequeño representa espacios de trabajo congestionados. Uno mayor le indica que da pasos de más.

Proyecte superficies de trabajo adecuadas. Por ejemplo, junto al refrigerador conviene tener un área para colocar y descargar las bolsas con provisiones. También debe contar con espacios cercanos a los aparatos de cocina para la preparación de los alimentos, así como un lugar junto al fregadero para apilar platos. Los mínimos recomendables son: 24 pulgadas a cada lado de los aparatos de cocina; 24 pulgadas a cada lado del área del fregadero y 18 pulgadas junto al refrigerador.

Experimente con diferentes diseños

Emplee un sistema para formar su plano, como el de este estuche modular de diseño, lo que le ayudará a visualizar la colocación de las alacenas o equipo eléctrico nuevo. Utilice el plano de piso (página 10) para establecer la forma de la cocina y como ayuda para encontrar una solución a cualquier área problema.

Almacene los artículos en lugares de fácil acceso. Las alacenas cercanas a un área de trabajo deben contener los artículos relacionados con esa área. Los aparatos pequeños como la licuadora o el tostador se colocarán en el área para preparación de alimentos. Los artículos que usa poco se deben guardar separadamente. Si no cuenta con suficiente espacio en las alacenas, puede aumentar accesorios de bajo costo que le ayuden a organizar sus alacenas, como canastas y entrepaños deslizables, o rejillas en las paredes para artículos enlatados. Si decide instalar aparatos eléctricos nuevos, asegúrese de destinarles lugares contiguos de almacenamiento.

Si en su proyecto se requiere acomodar de nuevo las alacenas, haga nuevos planos para el piso. En las papelerías y centros para mejoras en el hogar puede conseguir estuches para diseño de cocinas que le ayudarán a crear nuevos diseños. Tal vez desee comentar sus planes definitivos con un especialista en diseño de cocinas o con un arquitecto. Mediante el pago de una cuota puede obtener ayuda profesional que evalúe el diseño, trace especificaciones en detalle y le prepare una lista completa de materiales.

Establezca un programa de trabajo. El tiempo que lleva modificar una cocina, sin importar lo poco que sea, representa una alteración de la rutina hogareña y familiar. Piense en maneras de guardar los alimentos, cocinar las comidas y lavar los trastos mientras realiza el trabajo. Si contrata gente especializada para ciertas partes del trabajo, asegúrese de tener cálculos aproximados de tiempo así como de materiales y mano de obra. Obtenga todos los permisos de construcción necesarios para las partes del trabajo que efectuará usted mismo.

Evaluación de la cocina actual

El primer paso para mejorar su cocina es hacer una lista exhaustiva de los problemas e inconvenientes que ahora tiene. Trace un plano a escala de la cocina actual señalando las áreas que requieran mejoras. Conserve este plano como referencia durante toda la remodelación.

Muchos problemas de las cocinas son obvios. La inspección visual le indica rápidamente las superficies o materiales desgastados, desportillados, manchados o desteñidos. Haga indicaciones cuando tenga que cambiar los aparatos eléctricos.

Añada una lista de todos los inconvenientes, como cajones que se atoran o puertas que no cierren bien. Determine si estos puntos problema pueden ser reparados o requieren cambio.

Evalúe finalmente la cocina como espacio de trabajo. ¿Es conveniente la colocación de los aparatos eléctricos? ¿Son adecuadas las alacenas para sus necesidades de almacenamiento y le simplifican la preparación de los alimentos? Anote sus evaluaciones en el plano que trazó.

Antes

Un cambio fácil del aspecto de la cocina

Cuando se remodela una cocina no tiene por qué resultar complicado ni caro. Se puede hacer un cambio espectacular pintando los gabinetes (página 86) e instalando losetas viní-licas elásticas autoadheribles (pági-na 64). Ambos proyectos se termi-nan en dos o tres fines de semana.

Esta transformación de poco costo se puede completar cambian-do la cubierta desgastada por una lámina preformada (página 28). La mayoría de cubiertas preformadas ya están hechas y se pueden obte-ner en diferentes colores en la mayoría de las tiendas que venden materiales para remodelación o centros para mejorar el hogar.

Las paredes y molduras pinta-das, persianas para ventanas y jala-deras para las alacenas son sólo unos cuantos arreglos de poco costo que le dan un toque personal a una cocina remodelada, mejoran-do su aspecto.

Antes

Calidad dentro del presupuesto

La calidad es costeable. En esta cocina se ve cómo los materiales de precio modesto aunados a una habilidad promedio para hacerlo usted mismo se combinan para crear una cocina nueva y atractiva.

Sin quitar las alacenas existentes, pueden hacerlas aparecer como nuevas. Utilice un equipo para renovar (página 88) que contiene los materiales para cubrir las molduras aparentes y paneles laterales de las alacenas viejas con chapa de madera atractiva y durable. El fabricante de este estuche proporciona puertas y frentes para los cajones, lo que le permite completar la transformación a sólo una fracción del costo que tendrían unas alacenas nuevas.

Para obtener un piso recubierto de un material especialmente resistente y duradero, adapte lámina vinílica (página 68). Las cubiertas de las alacenas de piso (página 32) con bordes decorativos (página 40) de plástico laminado le proporcionan una superficie de trabajo atractiva y colorida.

Si instala una nueva tarja (página 112) y una mezcladora (página 114), puede hacerlo usted mismo con facilidad cambiando atractivamente el aspecto de su cocina.

Un cambio completo de la cocina

El aspecto de su hogar puede cambiar de estilo al colocar nuevas alacenas en su cocina. Existen muchos estilos de alacenas nuevas fabricadas especialmente para instalarlas usted mismo (página 92). El arrancar las alacenas viejas (página 94) y el instalar alacenas de pared y de piso (página 100) lleva mucho tiempo, pero no son tareas difíciles.

Mejore su cocina y proporciónele el brillo de las cubiertas de loseta de cerámica (página 42). Las losetas de cerámica son extremadamente durables y se fabrican en cientos de estilos y colores.

Los pisos de madera aumentan el encanto y la calidez de una cocina. Para colocar usted mismo los pisos de madera (página 74), hágalo con adhesivos o pegamento para madera. La madera ya trae un acabado protector de poliuretano resistente en varias capas. Se consigue en muchos estilos y clases diferentes de madera.

Instale una campana de ventilación (página 122) que elimine el humo y los olores de la cocina, a la vez que le ayuda a mantenerla limpia.

Antes

Una cocina totalmente nueva

El nivel de habilidad de la mayoría de personas que remodelan por sí mismas su cocina les permite también un renovado total. Hay que tomar el tiempo necesario para planificar cualquier remodelación total (página 10). Los materiales de primera calidad son caros y suelen requerir tiempo adicional para instalarlos.

Las nuevas alacenas de cocina pueden colocarse de muy diversas maneras para que se adapten mejor a sus necesidades (página 12). Los diferentes estilos y tipos de alacenas, como alacenas angulares, le proporcionan a su cocina un nuevo aspecto. Las alacenas 'estilo europeo' o sin marcos (página 92) eliminan la estructura frontal ofreciéndole un poco más de espacio para almacenamiento que las alacenas con marco.

El material acrílico de superficie compacta para las cubiertas (página 50) se puede cortar y formar con herramientas de carpintería. Los pisos de mosaico (página 78) resultan elegantes, durables y están siempre de moda.

Instale ventilación inferior (página 125) en la estufa para eliminar las campanas de ventilación voluminosas y así crear mayor espacio visual en la cocina.

Preformado

Laminado a la medida

Mosaico de cerámica

Material de superficie compacta

Cubiertas

Las cubiertas le proporcionan el principal espacio de trabajo en la cocina, por lo que deben estar hechas de materiales durables y fáciles de limpiar. Agregan a las cocinas toques de color, diseño, textura y forma, de modo que conviene escoger un estilo que armonice con los otros elementos de la habitación.

Las cubiertas preformadas están hechas de laminados chapeados pegados a bases de aglomerados, que vienen listos para instalarse desde la fábrica. Las cubiertas preformadas vienen con resguardos ya fijados y con acabados en la orilla frontal. Se fabrican en diversos colores y estilos.

Las cubiertas laminadas a la medida se hacen pegando hojas laminadas a bases de aglomerados. Los laminados se consiguen en cientos de colores y dibujos, que armonizan con cualquier decoración de cocina. Los tratamientos especiales en los bordes se pueden variar a fin de darle un aspecto personal a la cubierta laminada.

Las losetas de cerámica son especialmente durables y forman una superficie atractiva que resiste los derrames y manchas. Se consigue en una amplia gama de estilos y precios. El hacer una cubierta de mosaico es un excelente proyecto para que lo haga usted mismo.

Los materiales de superficie sólida se fabrican de resinas acrílicas o de poliéster mezcladas con aditivos y se forman en hojas de 1/4", 1/2" ó 3/4" de grueso. Los materiales de superficie sólida son caros, pero muy resistentes y fáciles de mantener. Se pueden cortar y moldear con herramientas de carpintería.

Herramientas y materiales especiales para quitar las cubiertas. Incluyen: sierra circular para cortes de mampostería (A), cincel para mampostería (B), martillo de bola (C), pinzas ajustables (D), sierra recíproca (E), con seguetas de diente grueso para madera (F), guantes de trabajo (G).

Cómo quitar la cubierta antigua

1 Cierre todas las llaves de agua. Desconecte y quite todas las conexiones y accesorios de plomería. Quite todas las ménsulas y tornillos que sujeten la cubierta a las alacenas. Desatornille los pernos de sujeción de las cubiertas en inglete (página 31).

2 Utilice una cuchilla con mango para cortar las gotas de sellador a lo largo del resguardo y orilla de la cubierta. Quite cualquier moldura. Trate de desprender la cubierta de las alacenas utilizando una barreta.

3 Si no puede desprender la cubierta, utilice una caladora o una segueta con hoja de diente grueso para madera para cortar la cubierta en piezas y poderlas quitar. Cuide de no maltratar las alacenas de piso.

Loseta de cerámica: Use siempre anteojos protectores. Desprenda el mosaico de la base con un cincel para mampostería y un martillo de bola. Si la cubierta tiene base de cemento, se puede cortar en trozos con una sierra circular y hoja especial abrasiva para mampostería.

Instalación de una cubierta preformada

Las cubiertas laminadas preformadas se pueden adquirir en diversos largos, y vienen cortadas de manera que se adapten al espacio de su cocina. Para las cubiertas esquinadas, se pueden conseguir secciones precortadas en inglete, en dos o tres piezas. Si la cubierta tiene una orilla visible, se requiere un estuche para el acabado de los extremos que contiene una tira preformada de un laminado del mismo tipo.

Para la precisión del ajuste, conviene rebajar al resguardo para adaptarlo a cualquier irregularidad en la pared trasera. Este proceso se denomina de marcaje. Las cubiertas preformadas tienen una tira angosta de material laminado en la parte superior del resguardo para este marcaje.

Materiales necesarios:

Herramientas básicas de mano (página 6): flexómetro, escuadra de carpintero, lápiz, regleta metálica, tornillos de banco, martillo, nivel, pistola para tapar grietas.

Herramientas eléctricas básicas (página 7): sierra caladora, lijadora de cinta, taladro y broca, desarmador de baterías.

Materiales básicos: secciones preformadas para la cubierta.

Herramientas y artículos especiales: fotografía, página opuesta.

Cómo instalar una cubierta preformada

1 Mida el largo de las alacenas de piso desde la esquina hasta la orilla exterior del mismo. Aumente 1" para pestaña si el extremo va a quedar visible. Si va a quedar junto a un aparato eléctrico, quite 1/16" para evitar raspones.

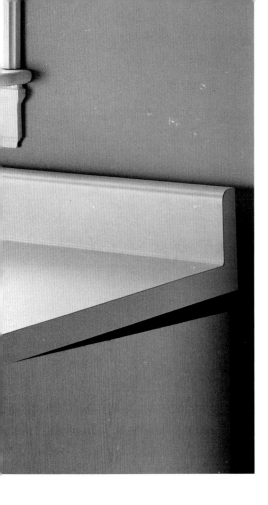

Herramientas y materiales especiales. Incluyen: calzas de madera (A), pernos de sujeción (B), tornillos para pared (C), clavillos de latón (D), plancha doméstica (E), laminado para los cantos exteriores (F), listones de madera para los cantos (G), sellador de silicón (H), lima (I), llave ajustable (J), pegamento de carpintero (K), bloques para calzas (L), compás marcador (M).

2 Utilice una escuadra para marcaje para señalar la línea de corte en la superficie inferior de la cubierta. Corte el material con una caladora utilizando como guía una regla metálica fijada con un tornillo de banco.

3 Fije los listones del extremo a la orilla de la cubierta utilizando clavillos de latón y pegamento de carpintero. Lije cualquier irregularidad con la lijadora de cinta.

(continúa en la página siguiente)

Cómo instalar una cubierta preformada (continuación)

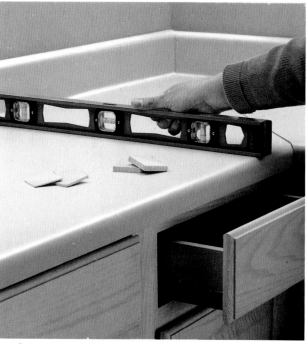

4 Sostenga el laminado para el canto contra el extremo de las cubiertas traslapando ligeramente las orillas. Active el adhesivo presionando con una plancha a temperatura media contra el extremo. Enfríe con un trapo húmedo y lime posteriormente el laminado del extremo para que quede a la misma altura que las orillas.

5 Coloque la cubierta sobre las alacenas de piso. Asegúrese de que la orilla frontal de la cubierta esté paralela al frente de la alacena. Verifique el nivel de la cubierta. Asegúrese de que los cajones y las puertas se abren y cierran libremente. Si es necesario, ajuste la cubierta con calzas de madera.

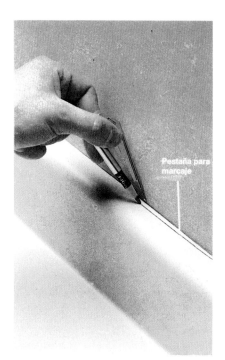

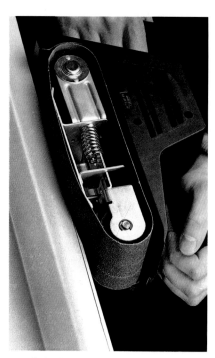

6 Debido a que las paredes por lo general son irregulares, utilice un compás para trazar el contorno de la pared sobre la tira de marcaje del resguardo. Ajuste los brazos del compás para que abarquen la mayor abertura y deslice el compás a lo largo de la pared para transferir el contorno a la tira de marcaje.

7 Quite la cubierta. Utilice una lijadora de cinta para rebajar el resguardo hasta la línea marcada.

8 Señale la línea de corte para las tarjas con su propio reborde. Coloque la tarja con el lado de arriba hacia abajo sobre la cubierta y marque el contorno. Quite el fregadero y haga la línea de corte 5/8" por dentro del contorno exterior. Para instalar la tarja, vea la página 112.

9 Marque la línea de corte para la estufa o tarja utilizando el marco. Coloque el marco metálico sobre la cubierta y señale el contorno alrededor de la orilla de la pestaña vertical. Quite el marco. Para instalar una estufa con marco o una tarja, vea la página 112.

10 Perfore un agujero guía justo por dentro de la línea de corte. Haga los cortes con la caladora. Sostenga el área recortada desde abajo para que al caer no dañe la alacena.

11 Ponga una línea de sellador de silicón en las orillas de las secciones de la cubierta cortadas en inglete. Apriete fuertemente una sección con otra.

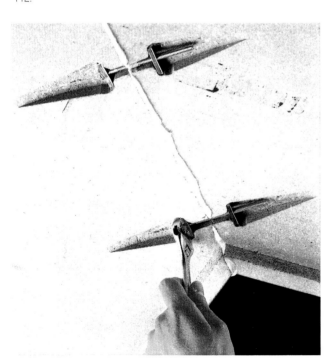
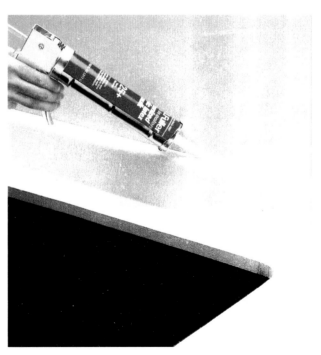

12 Desde la parte inferior de la alacena, instale y apriete los pernos de sujeción. Empuje firmemente la cubierta contra la pared y sujétela a las alacenas atornillando los tornillos para pared por las ménsulas de la esquina, haciéndolos entrar en la cubierta (página 45). Los tornillos deben tener el largo suficiente para sostener al máximo sin perforar la superficie laminada.

13 Selle la unión entre el resguardo y la pared con un sellador de silicón. Alise la tira de silicón con la yema húmeda de un dedo. Limpie el sobrante.

Construcción de una cubierta laminada a la medida

Haga su propia cubierta atractiva y durable con hojas de laminados plásticos. Los laminados plásticos se consiguen en cientos de colores, estilos y texturas. Una cubierta hecha de laminado se puede adaptar a cualquier espacio, y se le puede dar el toque individual por la manera de acabar la orilla (página 40).

Los laminados se venden en largos de 6, 8, 10 ó 12 pies, con un grueso de alrededor de 1/20". Las hojas laminadas tienen anchos de 30" a 48". La mayor parte se fabrican pegando una capa delgada de plástico de color a una superficie de resinas endurecidas. Otro tipo de laminado tiene un color consistente a través de todo el grueso de la hoja. Las cubiertas laminadas de colores sólidos no presentan líneas de colores oscuros en las orillas recortadas, aunque se descascaran con más facilidad que los laminados tradicionales y requieren un manejo cuidadoso.

Cuando haga una cubierta, seleccione un cemento de contacto no inflamable, y ventile cuidadosamente su área de trabajo.

Materiales necesarios:

Herramientas de mano básicas (página 6): flexómetro, escuadra metálica, lápiz, regla metálica, tornillos de mesa, pistola para tapar grietas.

Herramientas eléctricas básicas (página 7): sierra circular con hoja ajustable, desarmador de baterías, lijadora de cinta, router. Materiales básicos: aglomerados de 3/4", hojas de laminado.

Materiales y herramientas especiales: fotografía, página opuesta.

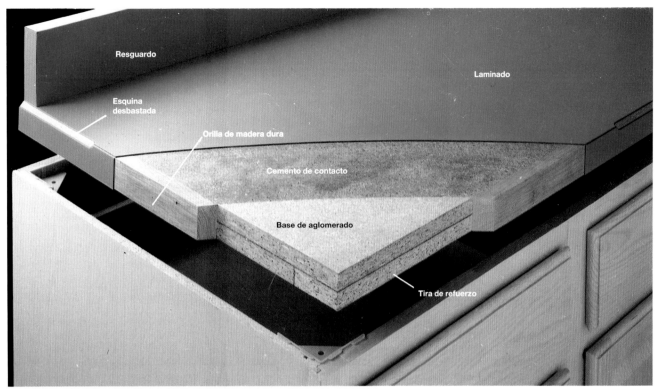

Cubierta laminada: La base es un aglomerado de 3/4" de grueso. El perímetro se refuerza con tiras de aglomerado atornilladas a la parte inferior de la base. Si desea una orilla decorativa, puede fijar listones de madera a la base. Las piezas de laminado se unen a la cubierta con cemento de contacto. Las orillas se recortan y desbastan con un router.

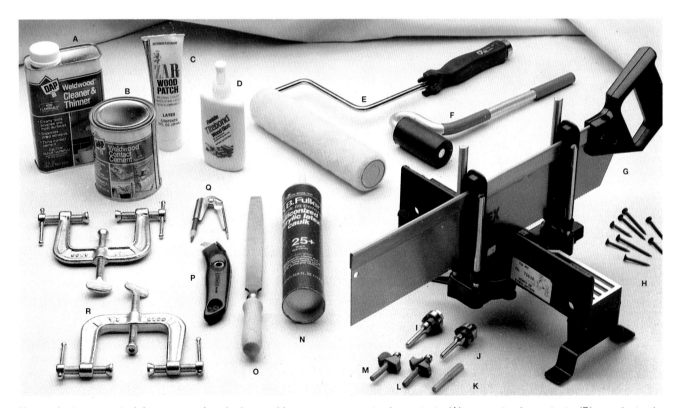

Herramientas y materiales necesarios: incluyen: thinner para cemento de contacto (A), cemento de contacto (B), emplasto de látex para madera (C), pegamento de carpintero (D), rodillo de pintor (E), rodillo de hule (F), caja de ingletes (G), tornillos para pared (H), cuchilla para cortar a nivel (I), cuchilla para bisel de 15º (J), cuchilla recta (K), cuchilla para redondeado (L), cuchilla para media caña (M), sellador de silicón (N), lima (O), cuchilla para incisión (P), compás de marcaje (Q), prensa "c", triple (R).

Cómo hacer una cubierta laminada a la medida

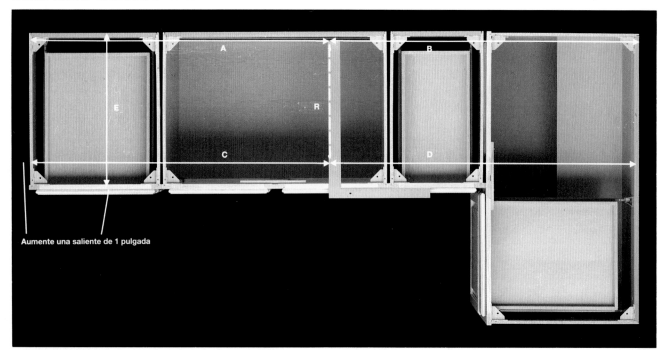

Aumente una saliente de 1 pulgada

1 Mida a lo largo de la parte superior de las alacenas de piso a fin de determinar el tamaño de la cubierta. Si las esquinas de la pared no están a escuadra, utilice una escuadra metálica para trazar una línea de referencia (R) cerca de la mitad de las alacenas de pisos, que quede perpendicular al frente de los mismos. Tome cuatro medidas (A, B, C, D) desde la línea de referencia hasta los extremos de los gabinetes. Deje un margen para pestañas aumentando 1'' al largo de cada extremo libre y 1" al ancho (E). Si un extremo queda junto a un aparato eléctrico, quite 1/16" del largo a fin de evitar que se dañen sus aparatos.

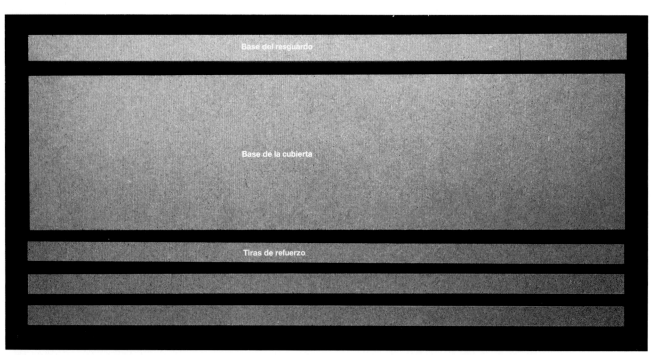

Base del resguardo

Base de la cubierta

Tiras de refuerzo

2 Transfiera las medidas que tomó en el paso 1 utilizando una escuadra metálica para establecer una línea de referencia. Corte la base del tamaño deseado con una sierra circular, fijando como guía una regla metálica. Corte tiras de aglomerado de 4" para el resguardo y para refuerzo en las secciones de la cubierta de aglomerado que se empalmen. Corte tiras de 3" para reforzar la orilla.

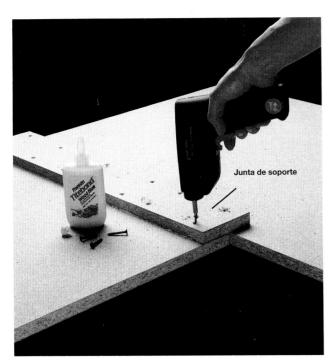

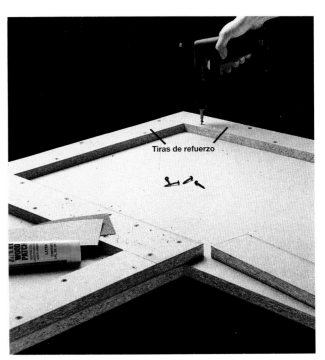

3 Una las piezas de aglomerado de la cubierta por la parte inferior. Fije en la unión una pieza de aglomerado de 4" de ancho, utilizando pegamento de carpintero y tornillos de pared de 11/4.

4 Fije las tiras de refuerzo de 3" de ancho en las orillas por la parte inferior de la cubierta, mediante tornillos para pared de 11/4". Rellene los huecos con emplasto de látex para madera, lijando después las orillas con una lijadora de cinta. (Cuando se trate de molduras decorativas, consulte la página 40.)

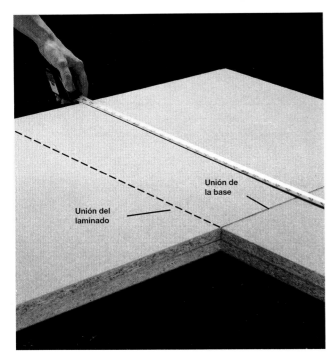

5 Para determinar el tamaño de la cubierta laminada, mida la base de la cubierta. Para reforzar, coloque las uniones del laminado perpendiculares a la unión de la base. Aumente un margen para recorte de 1/2" tanto al largo como al ancho de cada pieza. Mida el laminado que necesite para el frente y orillas del resguardo así como para las orillas libres de la base de la cubierta. Aumente 1/2" a cada medida.

6 Corte el laminado haciéndole una incisión y rompiéndolo. Trace una línea de corte y marque después con una cuchilla para incisión. Utilice una regla metálica como guía. Para que el laminado se rompa fácilmente, pase dos veces la cuchilla de incisión.

(continúa en la página siguiente)

Cómo hacer una cubierta laminada a la medida (continuación)

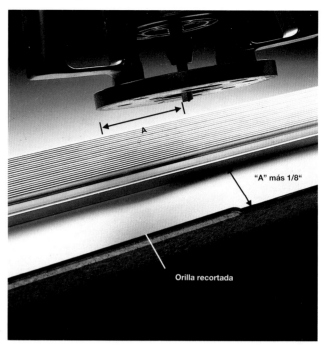

7 Doble el laminado hacia la parte donde hizo la incisión hasta que la hoja se rompa limpiamente. Para mejor control de las piezas angostas, fije la regla metálica a lo largo de la línea de incisión antes de doblar el laminado. Utilice guantes a fin de evitar cortarse con las orillas filosas.

8 Haga uniones perfectas con los laminados de plástico utilizando una cuchilla recta en el router para alisar las partes que van juntas. Mida desde la orilla de corte de la cuchilla hasta la orilla de la placa del router (A). Coloque el laminado sobre sobrantes de madera alineando las orillas. Para guiar el router, fije una regla metálica sobre el laminado, colocándolo a la distancia A más 1/8", paralelo a la orilla del laminado. Lije la orilla del laminado.

9 Una primero el laminado a los costados de la cubierta. Con ayuda de un rodillo de pintor, aplique dos capas de cemento de contacto a la orilla de la cubierta y una sola capa al revés del laminado. Deje que el cemento seque siguiendo las instrucciones del fabricante. Coloque el laminado cuidadosamente y presione contra la orilla de la cubierta. Fije la unión presionando con un rodillo de hule.

10 Utilice un router y una cuchilla para corte a nivel para recortar la orilla, de modo que quede pareja con las superficies superior e inferior de la base de la cubierta. En las orillas que el router no alcance, lime el sobrante. Aplique el laminado a las otras orillas y recorte los sobrantes con el router.

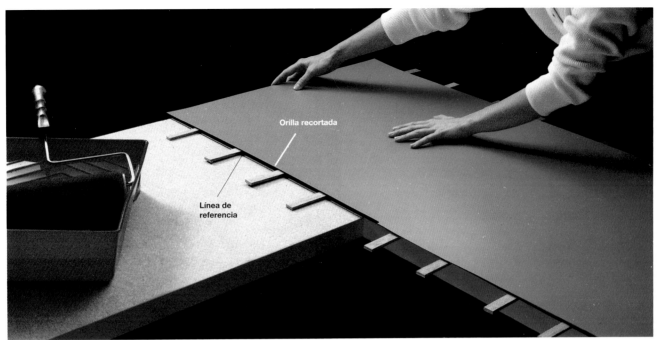

Orilla recortada

Línea de referencia

11 Haga una prueba colocando el laminado sobre la base de aglomerado. Cerciórese de que el laminado deja una pestaña sobrante en todas las orillas. En las juntas, trace una línea de referencia sobre la base en el lugar en que se encuentran las orillas del laminado. Quite el laminado. Cerciórese de que todas las superficies están limpias de polvo y aplique una capa de cemento de contacto al revés del laminado y dos capas a la base. A intervalos de 6" coloque espaciadores hechos de recortes de madera de 1/4" de grueso sobre la parte superior de la base. Puesto que el cemento de contacto une instantáneamente, los espaciadores le permiten colocar el laminado con exactitud sin que despegue a la base. Acomode el laminado siguiendo la línea de referencia de la unión. Comience por un extremo, quite los espaciadores y presione el laminado contra la base de aglomerado de la cubierta.

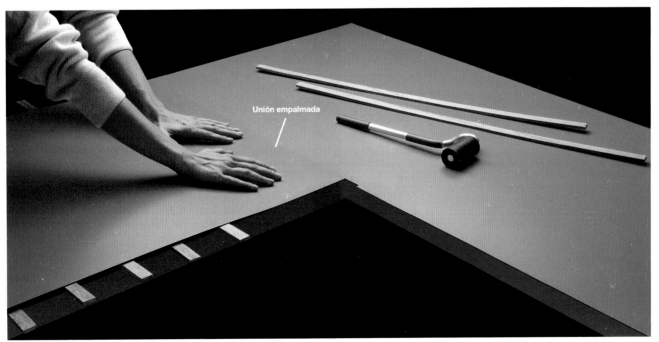

Unión empalmada

12 Aplique el cemento de contacto a la base aún no forrada y a la pieza correspondiente de laminado. Deje que el cemento seque y coloque el laminado sobre los espaciadores acomodando cuidadosamente el laminado sobre éstos uniendo bien a la pieza anterior. Comience por la orilla de la unión y quite los espaciadores presionando el laminado contra la base de la cubierta.

(continúa en la página siguiente)

Cómo hacer una cubierta laminada a la medida (continuación)

13 Pase el rodillo de hule sobre toda la superficie para unir perfectamente el laminado a la base. Limpie con una tela suave impregnada de thinner para cemento de contacto cualquier sobrante de pegamento.

14 Quite el sobrante del laminado con el router y una cuchilla para corte a nivel. Lime los sobrantes en las orillas que no se alcanzan con el router. La cubierta se halla ahora lista para el acabado con una cuchilla para biselar.

15 Déles el acabado a las orillas con el router y una cuchilla para biselado a 15º. Verifique la mordida de la cuchilla para que la orilla biselada corte sólo la capa superior del laminado. La cuchilla no debe cortar la superficie de la orilla vertical.

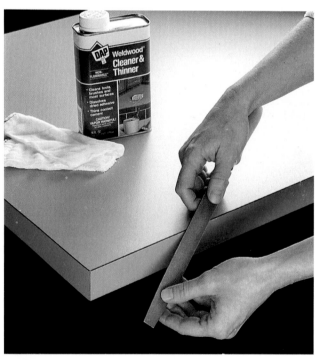

16 Lime todas las orillas alisándolas. Hágalo con un toque descendente de la lima a fin de que no se dañe el laminado.

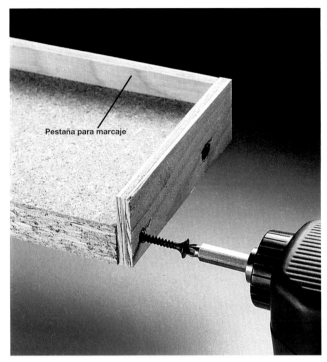

Pestaña para marcaje

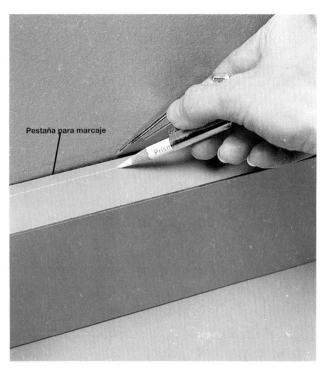

Pestaña para marcaje

17 Para formar el sobrante del resguardo, corte tiras de madera contrachapada de 1/4" de grueso y de 1 1/4" de ancho. Fíjelas a la parte superior y costados de la base del resguardo utilizando pegamento y tornillos para fijar tablas a la pared. Corte las piezas de laminado y péguelas a los lados visibles, parte superior y frente del resguardo. Recorte los sobrantes de cada pieza conforme la aplique.

18 Haga una prueba de ajuste de la cubierta y el resguardo. Puesto que las paredes suelen estar disparejas, utilice un compás para trazar el contorno de la pared en la tira de la parte superior del resguardo (página 30).

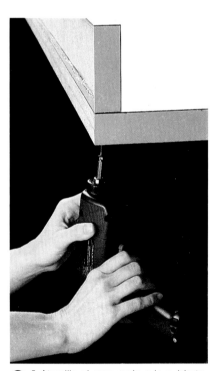

19 Ponga una tira de sellador de silicón en la orilla inferior del resguardo.

20 Acomode el resguardo sobre la cubierta y sosténgala en su lugar con tornillos de barra. Limpie el sobrante del sellador y deje que seque completamente.

21 Atornille el resguardo a la cubierta con tornillos para pared de 2". Cerciórese de que las cabezas de los tornillos queden completamente sumidas para lograr un buen ajuste con la alacena en que se va a colocar la cubierta.

Canto de madera sólida

Canto en media caña

Canto redondeado

Cantos de madera para cubiertas laminadas

Para darle un toque elegante a una cubierta laminada, forme los cantos de madera dura y déles forma con un router. Desbaste los cantos antes de fijar el resguardo a la cubierta.

Materiales necesarios:

Herramientas básicas de mano (página 6): martillo, juego de clavos.

Herramientas eléctricas básicas (página 7): lijador de cinta con cinta de lija del 120, router.

Materiales básicos: tiras de madera dura de 1 × 2.

Materiales y herramientas especiales: (fotografía página 33): pegamento de carpintero, clavos para acabado, tornillos de mesa, cuchillas para el router.

Cómo hacer cantos de madera en media caña

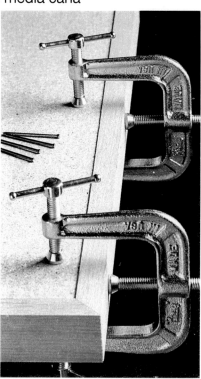

1 Corte listones de madera de 1 × 2 para que tengan el tamaño de las orillas de la cubierta. Líjelas hasta que queden lisas. Corte en inglete las esquinas del interior y exterior.

2 Sujete los listones a las orillas pegándolos con pegamento de carpintero y prensas tridireccionales. Taladre agujeros guía y fije los listones con clavos de acabados (sin cabeza). Suma las cabezas con un punzón para clavos.

3 Lije las tiras de las orillas hasta que queden a nivel con la superficie superior de la cubierta, usando una lijadora de cinta y lija del 120.

Cómo hacer cantos de madera sólida

1 Antes de fijar el listón de los costados hay que pegar el laminado a la base de la cubierta. La orilla del listón debe quedar pareja con la superficie del laminado, pegándola con pegamento de carpintero y clavos sin cabeza (página opuesta).

2 Use el router y una cuchilla para moldear los cantos a su gusto. Déle a la madera el entintado y acabado que desee.

4 Póngale el laminado a la orilla y parte superior de la cubierta después de lijar el listón de madera y dejarlo parejo con la base.

5 Con una cuchilla especial haga una ranura de media caña. Alísela con lija del 220. Entinte y acabe la madera descubierta a su gusto.

Construcción de una cubierta de loseta de cerámica

Los adhesivos modernos le facilitan al propietario de una casa la instalación de losetas de cerámica en las cubiertas y resguardos de la cocina. Puesto que las superficies de la cocina están expuestas al agua, utilice adhesivos resistentes a la humedad, así como losetas vidriadas. Estas losetas se pueden adquirir por piezas o en hojas de mosaicos sostenidas por una red metálica. Algunas losetas tienen salientes que fijan automáticamente el ancho para la lechada con que se rellenan las juntas. En las losetas de orillas lisas, utilice espaciadores de plástico para uniformar el ancho de las juntas.

Para hacer un buen trabajo al colocar las losetas se necesita una base firme y plana, así como una planeación cuidadosa. Haga una prueba de la colocación de las losetas sin pegarlas, a fin de cerciorarse de que el acomodo es agradable a la vista. Después de instalarlas, selle las losetas y las juntas con un sellador de silicón de buena calidad para evitar cualquier daño producido por el agua. Limpie y selle de nuevo periódicamente las losetas para conservar el aspecto de material nuevo.

Las losetas de cerámica se pueden comprar por piezas o unidas a un respaldo de malla metálica que forman las hojas de mosaico. Pídale a su distribuidor que le recomiende losetas que resistan el uso pesado de las superficies de trabajo de la cocina.

Materiales necesarios:

Herramientas básicas de mano (página 6): flexómetro, lápiz, espátula para masilla, regla metálica, pistola para tapar grietas, martillo.

Herramientas eléctricas básicas (página 7): sierra circular, desarmador de baterías, lijadora orbital.

Materiales básicos: losetas de cerámica, madera contrachapada de 3/4", tiras de madera.

Herramientas y materiales especiales: fotografía, página 44.

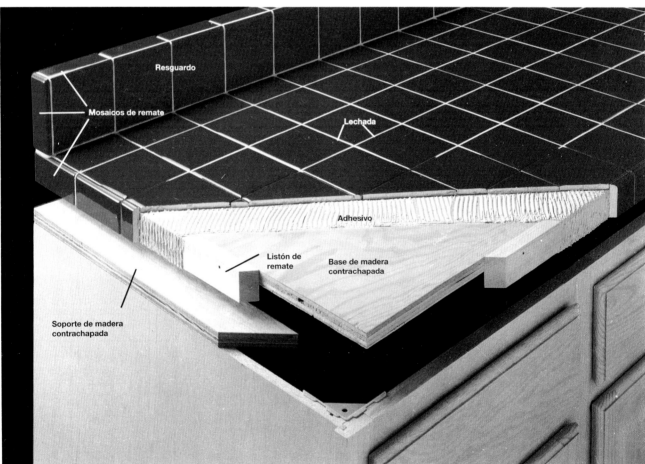

Resguardo

Mosaicos de remate

Lechada

Adhesivo

Listón de remate

Base de madera contrachapada

Soporte de madera contrachapada

Cubierta con loseta de cerámica: La base de la cubierta está formada por madera contrachapada de 3/4" cortada al tamaño de la alacena. Las orillas se forman con listones de madera fijados a las orillas exteriores de la base. Las losetas de mosaico se fijan en su lugar con un adhesivo. Las aberturas de las juntas entre mosaicos se rellenan con lechada de cemento. Los mosaicos de remate, que tienen orillas redondeadas, se usan para cubrir las orillas de la cubierta y el resguardo. Los mosaicos del resguardo se pueden instalar en una base de madera contrachapada por separado, o colocarse directamente sobre la pared detrás de la cubierta. Cada dos pies se fijan soportes de madera contrachapada de 3/4" × 3", tanto a lo largo de la alacena de piso como alrededor de las orillas de la misma.

Herramientas y materiales especiales. Incluyen: papel de lija (A), alcohol desnaturalizado (B), aditivo de látex para la lechada (C), lechada (D), sellador de silicón para rellenar juntas (E), sellador de silicón (F), pegamento de carpintero (G), capa base de látex (H), adhesivo para losetas (I), tabla corta de 2 x 4 envuelta en un trozo de tapete (J), cortador de losetas (K), espaciadores de plástico (L), brocha de espuma para pintura (M), mazo (N), clavos sin cabeza (O), tornillos para pared (P), lijador de losetas (Q), pinzas para cortar losetas (R), llana dentada (S), llana para rellenar juntas (T), rascador (U).

Cómo hacer una cubierta con losetas de cerámica

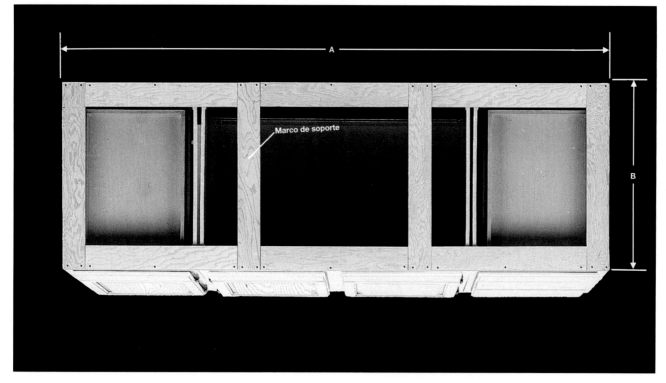

1 Corte refuerzos de madera contrachapada para exteriores de 3/4" de grueso y 3" de ancho para la estructura del marco. Fije los refuerzos cada 24" a lo largo de la alacena con tornillos para pared de 1 1/4" o clavos comunes 4d, sujetando el marco alrededor del perímetro y junto a las superficies que va a entresacar. Con una sierra circular, corte la base de madera contrachapada para exteriores de 3/4" al tamaño de la unidad de la alacena (A x B).

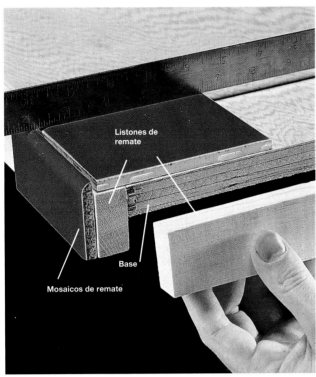

Listones de
remate

Base

Mosaicos de remate

2 Si la cubierta va a tener mosaicos de remate en los cantos, pegue listones de refuerzo de pino o madera contrachapada para exterior de 1 x 2, a los cantos de la base utilizando pegamento de carpintero y clavos de acabado 6d para fijarlos. La parte superior del listón debe quedar a la misma altura que la parte superior de la base.

Opción: si desea una orilla decorativa de madera, una a los cantos de la base, con pegamento de carpintero y clavos de acabado, listones de madera dura de 1 x 2 entintados y con tapaporo. La parte superior de los listones debe quedar al mismo nivel que la parte superior de la loseta.

3 Coloque la parte superior de la base sobre las alacenas y fíjela con tornillos para metal o pared, haciéndolos pasar por ménsulas de esquina por dentro de las alacenas. Los tornillos no deben ser demasiado largos para que no traspasen la superficie de la base.

4 Utilice una capa de látex para rellenar las partes sumidas y ranuras en la parte superior de la base. Deje que seque esta base y lije para alisar.

(continúa en la página siguiente)

Cómo hacer una cubierta con losetas de cerámica (continuación)

5 Para que las losetas de cerámica queden simétricas, mida y señale la línea media de la base de la cubierta. Utilice una escuadra metálica para trazar la línea (A) de acomodo, perpendicular a la orilla frontal de la base. Mida a lo largo de la línea A el ancho de una loseta y señale. Utilice la escuadra metálica para trazar una segunda línea (B), perpendicular a línea A.

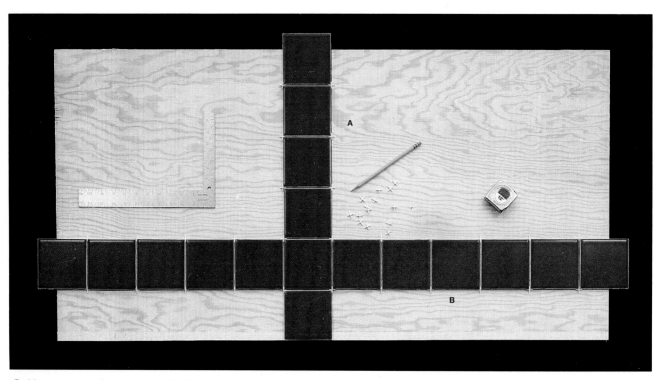

6 Haga una prueba acomodando hileras de losetas a lo largo de las líneas que trazó. Si las losetas no tienen uñas de espaciado, utilice espaciadores de plástico. Si el acomodo no le resulta agradable, puede desplazar la línea A a la izquierda o a la derecha. Acomode todas las losetas señalando las líneas de corte en las losetas que deban recortarse.

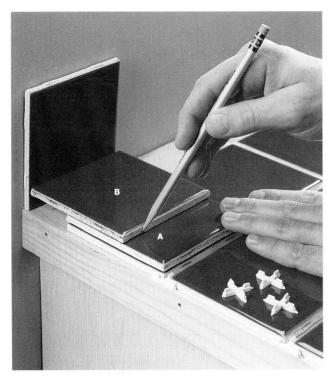

7 Señale el corte en las losetas de las orillas. A fin de dejar espacio para el relleno con lechada, coloque loseta vertical contra la pared. Acomode una loseta sin apoyarla (A) sobre la última loseta que va completa. Coloque otra loseta (B) recargándola contra la loseta vertical A. Marque la loseta A y córtela para que se acomode al espacio de la orilla.

8 Si desea hacer cortes rectos, coloque la loseta hacia arriba en un cortador de losetas. Ajuste la herramienta al ancho correcto y raye una línea continua jalando firmemente la carretilla de corte sobre la cara superior de la loseta.

9 Quiebre la loseta por la línea que rayó, siguiendo las instrucciones del fabricante de la herramienta. Utilice una lijadora de losetas para alisar las orillas cortadas.

10 Cuando haga cortes curvos, raye una telaraña de la línea de corte hacia el extremo, con el rayador. Utilice pinzas para loseta para separar cuidadosamente en pequeñas porciones el material sobrante hasta que defina la curva deseada.

(continúa en la página siguiente)

Cómo hacer una cubierta con losetas de cerámica (continuación)

11 Empiece la instalación colocando las losetas de los cantos. Aplique una capa ligera de adhesivo a la orilla del canto y a la parte de atrás de la loseta, utilizando una llana dentada. Presione las losetas para que queden en su lugar con un giro ligero. Entre una loseta y otra debe insertar espaciadores de plástico. (Las losetas que tienen uñas espaciadoras no requieren los separadores de plástico.)

12 Quite las losetas de prueba que colocó junto a las líneas que trazó. Extienda el adhesivo a lo largo de estas líneas y acomode perpendicularmente las hileras de losetas. Utilice espaciadores de plástico para que los espacios sean uniformes. Verifique la alineación con una regla metálica.

13 Instale el resto de las losetas trabajando desde las líneas guía hacia los extremos. Trabaje áreas pequeñas, en cuadros de alrededor de 18". Utilice alcohol desnaturalizado para quitar los restos de adhesivo de la parte superior de las losetas antes de que se seque. Para el resguardo, instale una sola hilera de losetas de remate directamente contra la pared o haga una base separada para el resguardo, utilizando madera contrachapada de 3/4".

14 Después de instalar cada área pequeña, "fije" las losetas. Envuelva un trozo corto de madera de 2 x 4 en alfombra o en tela de toalla. Ponga este bloque sobre las losetas y péguele ligeramente con un mazo o martillo. Quite los espaciadores de plástico con un palillo.

15 Mezcle la lechada con el aditivo de látex. Aplique esta lechada con la llana para rellenar juntas. Utilice un movimiento de barrido para forzar la lechada a penetrar en las juntas. Quite el sobrante de lechada con una esponja húmeda. Deje que seque una hora y quite después la película de polvo. Antes de rellenar las grietas y sellar, deje que la lechada repose según las instrucciones del fabricante.

16 Selle las juntas alrededor del resguardo usando un rellenador de silicón. Empareje con un dedo mojado y quite el exceso. Deje que seque completamente. Aplique sellador de silicón a la cubierta utilizando una brocha de esponja. Deje secar y aplique una segunda capa. Deje secar y pula con un paño suave.

Cómo tratar las orillas. Puede hacerlo con remates redondeados de loseta (parte superior) cortados para que se ajusten a la orilla, o formar un canto de madera dura (parte inferior), dándole forma con un router (página 40). Las orillas de madera se deben pegar y darles el acabado antes de instalar la loseta. Proteja la madera con masking tape al tapar juntas y sellar mosaicos.

Materiales de superficie sólida

Los materiales que ofrecen una superficie compacta se venden bajo los nombres comerciales de Corian^{MR} y Avonite^{MR} y se fabrican de resinas plásticas mezcladas con aditivos para formar láminas. Se fabrican en colores sólidos o con dibujos similares al mármol o al granito. Para las cubiertas, utilice material de 1/2". Para los cantos realzados, utilice material de 3/4".

Los materiales de superficie compacta se trabajan con herramientas de carpintería y hojas con filos de carburo. Para formar las esquinas y las cubiertas largas hay que soldar las hojas con adhesivo para juntas al color del material.

Materiales necesarios:

Herramientas básicas de mano (página 6): flexómetro, regla metálica, lápiz, prensa en C, regla ajustable, espátula para masilla, pistola para tapar grietas.

Herramientas eléctricas básicas (página 7): sierra circular con hoja nueva de carburo router con cuchilla para corte vertical, caladora con hoja para cortar madera, lijadora orbital, lijadora de cinta.

Materiales básicos: material compacto de 1/2" y 3/4", tiras de madera contrachapada de 3/4" x 4".

Herramientas y materiales especiales: fotografía en la página opuesta.

Cubiertas y tarjas moldeadas. Se hacen de materiales con superficies compactas y son relativamente caros pero resisten las manchas y rasguños. Si se dañan, una simple lijada basta para repararlos.

Herramientas y materiales necesarios. Incluyen: pinzas de resorte (A), cinta de aluminio (B), alcohol desnaturalizado (C), pegamento de carpintero (D), adhesivo para juntas (E), adhesivo resiliente para construcción o paneles (F), sellador de silicón para rellenar juntas (G), pijas de madera de 1/2" (H), banda de lija del 120 (I), esponja de fibra Scotch Brite^MR (J), papel de lija del 220, 320 y 80 (K), clavos comunes 4d (L), tornillos para pared (M), cepillo de carpintero (N), pistola para pegamento caliente (O), compás de marcaje (P), cuchilla recta de 3/8" (Q), cuchilla para redondear esquinas (R).

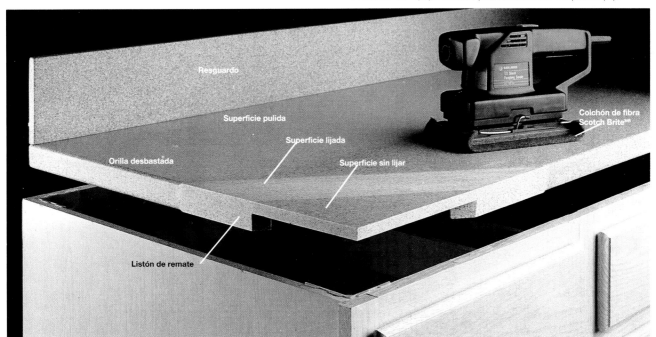

Cubierta de superficie rígida. Se hace con material sólido de 1/2", al que se da forma con herramientas de carpintería. Los cantos de la cubierta se refuerzan con listones de material de 3/4" que se fijan con un adhesivo especial para juntas. Las orillas de los costados se redondean con el router. La superficie se alisa con lija y se pule con una esponja Scotch Brite^MR fijada a la parte inferior de una lijadora orbital. El resguardo se fija a la pared con adhesivo para paneles y se sella con silicón para rellenar juntas.

Cómo hacer una cubierta de superficie compacta

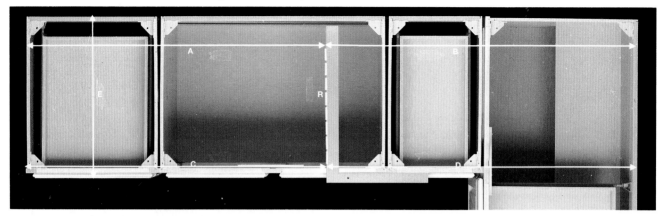

1 Mida a lo largo de la parte superior de las alacenas de piso para determinar el tamaño de la cubierta. Debido a que las esquinas de las paredes no siempre están a escuadra, utilice una regla metálica para establecer una línea de referencia (R) cerca del medio de las alacenas de piso, perpendicular al frente de la alacena. Tome cuatro medidas (A, B, C, D). Deje un margen para pestañas aumentando 1" al largo de cada extremo libre y 1" al ancho (E). Si ambos extremos topan con paredes o equipo eléctrico, quite 1/4" de largo para permitir la expansión y contracción natural del material.

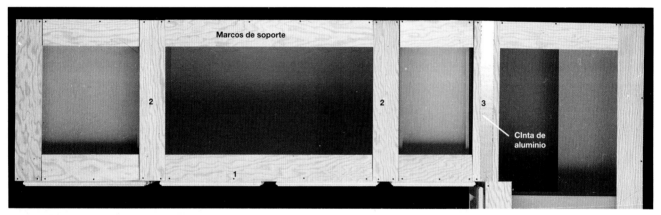

Marcos de soporte

CInta de aluminio

2 Distribuya el peso del material compacto haciendo marcos de soporte con madera contrachapada de 3/4" x 4" y colocándolos sobre las alacenas de piso. Utilice pegamento de carpintero y clavos comunes 4d o tornillos de pared de 1 1/4" para fijar los soportes alrededor del perímetro (1), hasta 3" del fregadero o de los espacios para los accesorios (2), así como en las secciones de la cubierta que se van a unir (3). En los lugares de las juntas, cubra los apoyos del marco con cinta de aluminio. Esta cinta impedirá que el adhesivo de las juntas se una a los soportes.

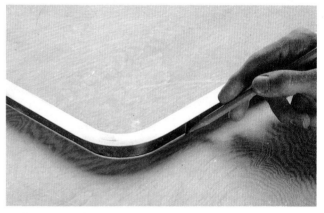

3 Pase las medidas que tomó en el paso 1 al material de superficie compacta utilizando una escuadra metálica para establecer una línea de referencia. Apoye el material sobre bancos de madera, montándolo sobre listones de 2 x 4. Corte con sierra circular con hoja nueva de carburo y, para guiar el corte, prense una regla metálica por la orilla de corte.

4 Haga una plantilla de madera contrachapada que le sirva de guía para cortar los huecos para la tarja o las hornillas. Trace el contorno de las hornillas o tarja sobre la madera contrachapada. Haga el trazo de nuevo en el sitio correcto sobre el material de la cubierta.

5 Monte una cuchilla recta con navajas de carburo en el router para corte recto. Gradúe el compás de marcaje a una distancia igual a la que tiene desde la orilla cortante de la cuchilla hasta la orilla de la base del router. A esta medida auméntele 1/4" para permitir la posible expansión y contracción del material de superficie compacta.

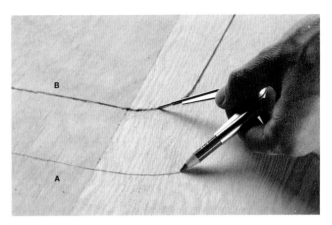

6 Utilice un compás para marcaje para trazar la línea (A) en la madera contrachapada, paralela al contorno de la tarja u hornillas (B). Para formar la plantilla, corte a lo largo de la línea A con una caladora con hoja de diente fino.

Plantilla

7 Centre la plantilla de madera contrachapada alrededor del contorno exterior de la tarja, en el material de superficie compacta. Prénselo en esta posición. Haga el recorte con el router, conservando la placa base contra la orilla interior del templete. Apoye por abajo el área del recorte para impedir que se dañe.

8 Redondee las orillas con una lijadora orbital. Para evitar que el calor llegue a ser excesivo mientras se cocina, envuelva las orillas de la parte recortada con cinta de aluminio.

9 Corte listones de 3/4" del material de la cubierta para hacer los refuerzos de los cantos. Pruebe el largo de los listones en la parte superior de la cubierta. En las esquinas, corte los listones para que se encuentren uno con otro.

10 Limpie los listones con alcohol desnaturalizado. Mezcle el adhesivo para juntas. Aplique una tira gruesa de adhesivo a la parte superior de los listones de refuerzo.

(continúa en la página siguiente)

Cómo hacer una cubierta de superficie compacta (continuación)

11 Utilice las pinzas de resorte para fijar los listones de refuerzo a la parte inferior de la cubierta, dejándolas a nivel con la orilla. Ponga adhesivo en cualquier abertura que no se haya llenado. Perfore las burbujas con un palillo. No limpie el adhesivo sobrante. Deje secar una hora. Quite el adhesivo seco sobrante con un cepillo de carpintero.

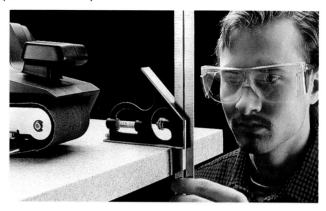

12 Nivele y enderece todos los cantos con una lijadora de cinta con lija de banda del 120. Haga revisiones frecuentes usando una escuadra para cerciorarse de que las orillas están exactamente perpendiculares. Las orillas a escuadra son indispensables al unir piezas de superficie compacta.

13 Coloque las piezas de la cubierta sobre las alacenas, dejando un espacio de 1/8" a lo largo de las paredes y un espacio de 1/16" en las juntas entre las piezas del material compacto. Verifique siempre que estén niveladas. Si es necesario, ponga calzas con cinta de aluminio.

14 En las uniones de las esquinas, pegue con cinta de aluminio una pija de madera de 1/2", apretándola contra la esquina firmemente. Cubra la parte inferior de la esquina con cinta de aluminio. La pija ayuda a moldear el adhesivo en la junta para que forme un radio curvo.

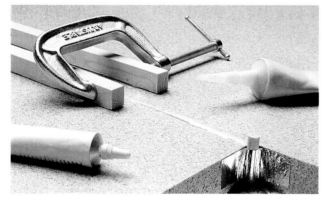

15 Fije unos listones de madera cerca de los lados de la unión, utilizando pegamento caliente. Deje secar. Mezcle el adhesivo para juntas y rellene la junta a la mitad. Apriétela suavemente con prensas en C colocadas sobre los listones de madera. Si aprieta demasiado hará que todo el adhesivo salga de la unión. Reviente todas las burbujas con un palillo. Aplique más adhesivo a las áreas que no se hayan llenado. No quite el sobrante.

16 Deje que el adhesivo seque por una hora. Quite las tiras de madera y el pegamento caliente con una cuchilla para masilla. Quite la pija de la esquina. Quite el adhesivo sobrante de la junta con un cepillo de carpintero. Lije la unión con una lijadora orbital y papel de lija del 220. Lije hasta que casi no vea la junta.

17 Moldee las orillas visibles de la cubierta con un router con cuchilla para redondeo de esquinas. Utilice una cuchilla fresa con piloto de baleros y cortadores de carburo. Mueva despacio el router.

18 Acabe las orillas interiores que no tocó el router lijando a mano con lija del 80 y, finalmente, con papel de lija del 220.

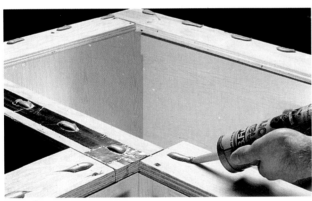

19 Quite con cuidado la cubierta y ponga listones de 1" de adhesivo plástico para construcción o paneles, cada 6", sobre todos los apoyos de la cubierta. Coloque la cubierta de nuevo, dejando un espacio de 1/8" en las paredes. Presione la cubierta ligeramente para que se una a las alacenas y deje secar.

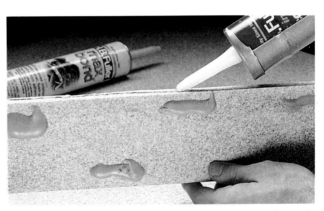

20 Corte el resguardo del material compacto de 1/2" ó 3/4" de grueso y de 3 1/2" a 4" de alto. Lije las marcas de la sierra y pase el router por la orilla decorativa, si lo desea. Ponga listones de adhesivo para paneles de 1" por la parte trasera del resguardo. En la parte inferior, ponga silicón para juntas.

21 Oprima fuertemente el resguardo en su lugar. Llene las juntas entre el resguardo y la pared. Alise el sellador sobrante con la yema del dedo. Deje que seque completamente.

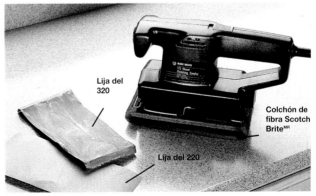

22 Lije toda la superficie con una lijadora orbital, primero con lija del 220 y después con lija del 320. Pula la superficie con una esponja Scotch Brite^{MR} bien sujeta a la lijadora. Limpie la superficie con alcohol desnaturalizado.

Pisos

Tablones de
madera para piso

Material vinílico
en rollo

Mosaicos de
cerámica

Losetas
vinílicas
auto-adheribles

Parquet de
madera para
pisos

Pisos

Proporcione a su cocina un aspecto diferente cambian-
do el piso. Existen muchos productos disponibles para
cubrir los pisos que resultan resistentes, atractivos y
diseñados especialmente para instalarlos usted mismo.

Las cubiertas de vinilo elásticas resultan una buena
elección para las cocinas. Son resistentes a la humedad y muchas de ellas se fabrican con una base acoji-
nada para aumentar su comodidad. Las losetas elásticas son una de las superficies para pisos de más fácil
instalación. Con frecuencia se pueden instalar en una

sola pieza, eliminando las uniones e impidiendo que la
humedad se filtre al firme del piso.

Los pisos de madera se pueden conseguir en duelas, tablones o losetas de parquet que tienen un acabado de fábrica con varias capas de poliuretano resistentes. Los pisos de madera con acabados previos se
unen por los cantos con lengüetas y ranuras, instalán-
dose sobre una capa de adhesivo extendida con una
llana o sobre láminas muy delgadas de hule espuma.

Las losetas de cerámica proporcionan una amplia
variedad de dibujos, estilos y colores que complemen-
tan cualquier habitación. Instalada adecuadamente, la
loseta de cerámica tiene una elegancia atemporal, por
lo que resulta uno de los materiales más durables para
cubrir pisos de que se puede disponer.

Cómo planificar un nuevo piso

Las cubiertas nuevas para pisos se pueden instalar directamente sobre las superficies existentes si éstas son planas, están a nivel y bien pegadas. Los pisos dañados, usados o flojos se pueden quitar (página 60) o reparar cubriéndolos con un contrapiso de madera contrachapada (página 62) que proporcione una base adecuada a la nueva cubierta del piso.

En algunos casos, cuando se aumenta un contrapiso de madera contrachapada y un nuevo piso, se interfiere con la nueva colocación del equipo eléctrico (página 62). En estos casos, habrá que quitar los pisos viejos.

Examine cuidadosamente el piso viejo a fin de determinar la preparación, si ésta es necesaria, que debe quedar terminada antes de que instale el nuevo piso. Consulte la guía (derecha). Mida después con exactitud el piso de su cocina a fin de determinar la cantidad de los nuevos materiales que necesitará.

Guías para preparar el piso existente

Loseta elástica o artículos en rollo: Los nuevos pisos se pueden instalar directamente sobre materiales resilientes. Si están acojinados o grabados, habrá que quitarlos o cubrirlos con un contrapisos de madera contrachapada.

Pisos de duela, tablón o parquet: Escarde la superficie lijándola para quitarle el brillo. Rellene las grietas con un relleno plástico y lije hasta que quede liso. La madera dañada o pandeada se debe nivelar lijándola, para después cubrirla con un contrapiso de madera contrachapada.

Losetas de cerámica: Escarde la superficie con lija del 120 para quitar el brillo. Nivele toda la superficie con un contrapiso de látex; deje que éste seque y lije hasta que quede liso. Los nuevos materiales en rollo no se pueden engrapar a las losetas de cerámica (página 72). Utilice adhesivos para pisos en lugar de grapas.

Alfombra: Antes de instalar nuevas cubiertas para pisos, quite siempre el alfombrado.

Contrapisos de madera: Deben tener por lo menos 3/4" de grueso. Instale la loseta de cerámica sobre contrapiso de madera contrachapada que tengan por lo menos un grueso total de 11/8".

Contrapisos con losas de concreto: Consulte a un contratista profesional para que le determine el estado en que se encuentra la losa.

Cómo medir su cocina

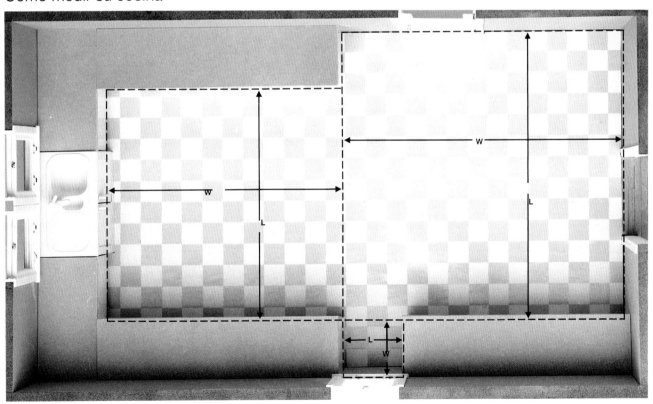

Determine la superficie total de piso dividiendo el piso en rectángulo o cuadrados. Incluya las áreas en que están instalados los aparatos eléctricos movibles. Mida el ancho y el largo de cada área en pulgadas y multiplique el ancho por el largo. Divida ese número entre 144 para determinar el número de pies cuadrados del piso. (Si trabaja con sistema métrico, sólo multiplique largo por ancho.) Sume todas las áreas para tener la superficie total.

Levantamiento del piso

Los pisos viejos se pueden quitar si el material está muy dañado o no se encuentra bien pegado al contrapiso. Consulte la página 59.

Las cubiertas elásticas grabadas o acolchonadas deberán quitarse o cubrirse con un contrapiso de madera contrachapada antes de instalar el nuevo piso.

La loseta de cerámica que esté dañada o floja se debe quitar. Rompa las losetas con un martillo y desprenda los pedazos con un cincel recto (página 27).

Materiales necesarios:

Herramientas de mano básicas (página 6): protección para los ojos, barreta, lápiz, flexómetro, cuchilla con mango.

Herramientas y materiales necesarios: guantes de trabajo, pistola de calor, espátula plana con filo, rascador de pisos, rodillo.

Para quitar el piso una vez que lo cortó en tiras, utilice un rodillo de amasar.

Cómo quitar losetas elásticas

1 Suavice el adhesivo del piso calentando las losetas con una pistola de calor. Recuerde que debe proteger los ojos y las manos.

2 Desprenda las losetas con una espátula plana con filo. Utilice la parte con filo para desprender el adhesivo viejo.

3 El adhesivo que no se desprende con facilidad se quita utilizando un rascador de piso de mango largo. Esta herramienta se puede rentar.

Cómo quitar el material elástico en rollo

1 Quite la moldura del zoclo y el zoclo con una barreta y la espátula plana con filo. La espátula protege la superficie de la pared. Numere cada pieza y guárdelas para reinstalarlas.

2 Utilice una cuchilla con mango para cortar el piso viejo en tiras de 10".

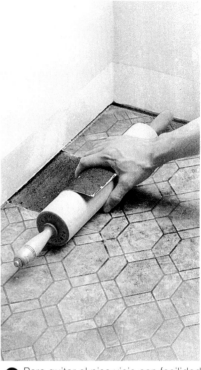

3 Para quitar el piso viejo con facilidad, desprenda una parte del piso que cortó y enróllela en un rodillo de amasar.

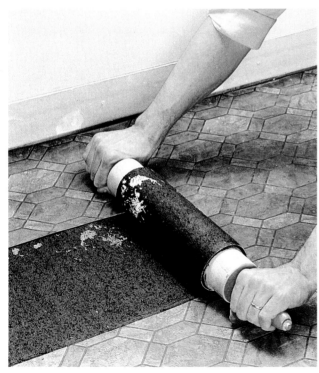

4 Desprenda completa cada tira del piso, enrollándola en el rodillo de amasar y deslizándolo cuidadosamente en forma recta. Los materiales que tenían una capa acolchonada inferior suelen separarse dejando la capa de fieltro todavía pegada al contrapiso.

5 Quite totalmente el fieltro del piso. Humedezca con agua jabonosa el fieltro pegado y despréndalo del piso con un rascador de mango largo o con una cuchilla plana con filo.

Colocación del contrapiso

Para asegurarse de que el nuevo piso tenga una superficie plana y nivelada, instálelo sobre un contrapiso de madera contrachapada. Siga la guía de la página 59.

Para el contrapiso puede usar madera contrachapada lauan de 1/4". Esta madera proporciona una superficie plana y uniforme constituye el contrapiso ideal. Se adquiere en hojas de 4' × 8' y se puede obtener en la mayoría de los centros de aprovisionamiento de artículos para la construcción o madererías.

Materiales necesarios:

Herramientas de mano básicas (página 6): flexómetro, serrucho de mano, martillo.

Herramientas eléctricas básicas (página 7): sierra circular o caladora con hoja para madera.

Materiales básicos: contrapiso de madera contrachapada lauan de 1/4".

Herramientas y materiales especiales: foto, abajo.

Revise bien el piso anterior. Clave cualquier parte desprendida con clavos de cabeza plana del 6d. Meta bien en el piso todas las cabezas y rellene las grietas o agujeros con un relleno plástico.

Cómo instalar el contrapiso de madera contrachapada

Herramientas y materiales especiales. Incluyen: rellenador de látex (A), relleno plástico (B), clavos de cabeza plana del 6d (C), llana plana (D).

1 Quite todos los aparatos eléctricos movibles, como lavadoras de trastos o refrigeradores. En estas áreas va a colocar un contrapiso y pisos nuevos. Cerciórese de que la altura del nuevo piso terminado permitirá que sus aparatos ocupen de nuevo su lugar. Tal vez necesite subir con calzas las cubiertas de las alacenas o quitar completamente el piso viejo para acomodar sus aparatos eléctricos.

2 Corte con un serrucho la parte inferior de los marcos de las puertas para que el nuevo piso quede bajo el marco. Utilice un trozo de contrapiso y una pieza del nuevo piso como guía espaciadora cuando haga el corte.

3 Revise el piso para localizar las áreas sumidas. Emparéjelas con relleno de látex. Deje que se seque y lije para alisar.

4 Instale el contrapiso de madera contrachapada empezando por la pared o alacena más larga. Asegure con clavos de cabeza del 6d cada 8" por las orillas y cada 8" en toda la hoja.

5 Cubra las áreas restantes alternando las uniones de la madera. Deje 1/8" entre las hojas del contrapiso para permitir la expansión. Rellene las aberturas y agujeros con plástico para rellenar que no se encoja. Deje secar y lije para alisar.

Colocación de loseta elástica vinílica o de madera

Las losetas vinílicas elásticas se instalan con facilidad. Se pueden obtener en muchos estilos que tienen sustancias autoadheribles en la parte inferior, especiales para los proyectos de quien hace su propio trabajo. Algunas losetas elásticas y la mayor parte de losetas de parquet se deben sentar sobre una capa de adhesivo para pisos. Las losetas de parquet de madera se insertan unas en otras por los cantos que tienen lengüetas y canales.

Establezca líneas perpendiculares de acomodo que le guíen durante la instalación de las losetas. Las losetas deben probarse sin pegarlas antes de poner el pegamento para cerciorarse de que el dibujo ya terminado resulta agradable. Comience a instalarlas en el centro de la habitación y trabaje hacia las paredes.

Materiales necesarios:

Herramientas de mano básicas (página 6): flexómetro, escuadra metálica, cuchilla con mango.

Herramientas eléctricas básicas (página 7): caladora con hoja para madera.

Materiales básicos: losetas para piso

Materiales y artículos especiales: foto a la derecha.

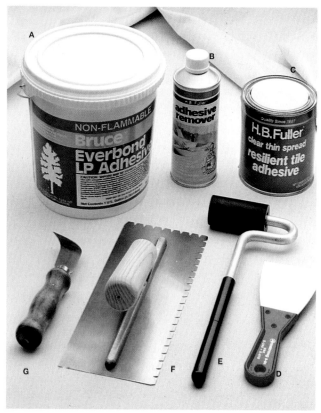

Herramientas y artículos especiales. Incluyen: adhesivo para las losetas de madera (A), removedor para el adhesivo (B), adhesivo para losetas elásticas (C), espátula dentada para extender (D), rodillo de hule (E), llana con muescas (F), cuchilla para pisos (G).

Cómo establecer las líneas guía para instalar losetas

1 Establezca las líneas guía midiendo lados opuestos de la habitación y marcando el centro de cada lado. Trace una línea de gis entre ambas marcas.

2 Mida el centro de la línea que trazó y márquelo. Desde este punto trace una segunda línea perpendicular a la primera, ayudándose con una escuadra metálica. Extienda la segunda línea a todo lo largo del cuarto.

3 Cerciórese de que las líneas están a escuadra utilizando el "triángulo del carpintero". Mida y señale una línea a 3', del punto central. Mida y señale la línea perpendicular a 4' del punto central.

4 Mida la distancia entre las marcas. Si las líneas que trazó primero están perpendiculares, su flexómetro marcará exactamente 5'.

Sugerencias para instalar losetas

Las losetas autoadheribles se pegan instantáneamente. Desprenda el papel protector y acomode cuidadosamente cada una. Las que no acomode bien deberán suavizarse con una pistola de calor o con una plancha para poder quitarlas .

Haga plantillas de cartón del mismo tamaño que una loseta. Utilícelas para hacer pruebas de corte en las esquinas de la pared o alrededor de los tubos y postes. Antes de cortar la loseta, trace el contorno de la plantilla para que encaje bien.

Presione con un rodillo para pisos o un rodillo de amasar para que las losetas peguen bien.

Utilice la llana con muescas para extender el adhesivo del piso, siguiendo las instrucciones del fabricante. Tenga cuidado de no cubrir con el adhesivo las guías que trazó.

Limpie inmediatamente el adhesivo que se filtre entre las juntas de las losetas. Utilice el solvente recomendado por el fabricante del adhesivo.

Para hincarse sobre las losetas que ya pegó, utilice un pedazo de madera contrachapada. Ésta distribuye su peso impidiendo que las losetas se corran.

Cómo instalar losetas

1 Acomode, sin pegarlas, las losetas a lo largo de las líneas guía en ambas direcciones. Cerciórese de que el resultado final es agradable.

2 Si es necesario, reacomode. Trace una nueva línea paralela a la línea original. Acomode de nuevo las losetas sin pegarlas guiándose por la nueva línea guía.

3 Empiece acomodando las losetas en el punto central. Coloque losetas a un cuadrante del piso, acomodándolas en la secuencia indicada. Repita para los otros cuadrantes.

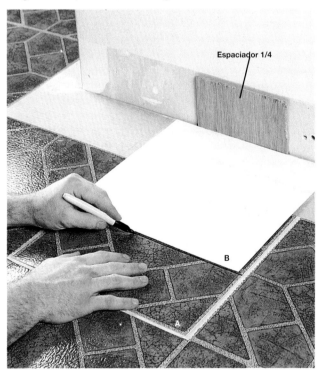

4 Señale la línea de corte en las losetas de las orillas. Para permitir la expansión y contracción del contrapiso, deje un espacio de 1/4" junto a las paredes. Coloque verticalmente un espaciador de 1/4" contra una pared. Coloque una loseta suelta (A) directamente sobre la última loseta completa. Coloque otra loseta (B) contra el espaciador. Haga una marca en la loseta A como se indica y corte. Corte la loseta elástica con una cuchilla con mango y el parquet de madera con una caladora.

Colocación de material elástico en rollo

Los materiales elásticos para pisos se fabrican de vinilo en anchos de seis o doce pies. Trace una planta de su cocina para determinar si puede instalarlo sin uniones. En las cocinas grandes probablemente sea necesario que se unan algunas piezas en el piso, por lo que debe tratar de dejar estas uniones en áreas poco visibles.

A fin de eliminar los errores de corte, haga una plantilla de su cocina con papel grueso. Esta plantilla le permite trazar contornos exactos de su cocina y pasarlos al material nuevo. Encuentre un área amplia bien nivelada que le permita colocar el material completamente plano.

Materiales necesarios:

Herramientas de mano básicas (página 6): cuchilla con mango, escuadra metálica.

Materiales básicos: papel estraza grueso, masking tape, material para piso, compás.

Herramientas y materiales especiales: foto, página 70.

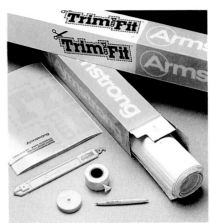

Los estuches para plantillas se pueden conseguir con algunos fabricantes de pisos. Muchos fabricantes garantizan en sus artículos y estuches que, si se siguen las instrucciones que proporcionan, la instalación hecha por usted mismo será perfecta.

Cómo hacer una plantilla para corte

1 Utilice hojas gruesas de papel estraza o papel de constructor. Coloque las orillas de papel contra las paredes dejando un margen de 1/8". Haga agujeros triangulares en el papel con una cuchilla con mango. Fije la plantilla al piso poniendo masking tape sobre los agujeros.

2 Siga el contorno de la habitación, trabajando con una hoja de papel a la vez. Traslape 2" las orillas de las hojas que empalman y únalas con cinta adhesiva.

3 Para que la plantilla ajuste alrededor de los tubos, pegue hojas de papel a ambos lados de éste. Mida la distancia de la pared al centro del tubo utilizando una escuadra deslizable y réstele 1/8".

4 Transfiera la medida a otro trozo de papel. Utilice un compás para trazar el diámetro del tubo en el papel y corte un agujero con tijeras o cuchilla. Haga una abertura de la orilla del papel al agujero.

5 Acomode el agujero cortado en el papel alrededor del tubo. Pegue el papel con la plantilla del agujero a las hojas adyacentes.

6 Al terminar, enrolle o doble muy suelta la plantilla de papel para llevársela. Pida a alguien que le ayude a acomodar el material para el piso en un área plana y nivelada.

Herramientas y materiales especiales. Incluyen: adhesivos para piso (A), regleta metálica (B), rodillo para amasar (C), llana con muesca (D), rodillo de hule (E), cuchilla para piso (F), engrapadora (G).

Cómo instalar los materiales elásticos en rollo

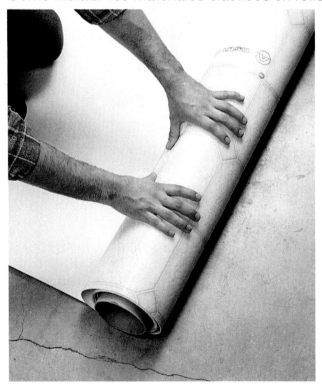

1 Desenrolle el material para el piso en cualquier superficie bastante amplia, plana y limpia. Para que no se arruguen, los rollos de materiales para pisos vienen enrollados con el derecho hacia afuera. Desenrolle el material y voltéelo a que quede el derecho hacia arriba para marcarlo.

Cuando necesite dos trozos de material, traslape las orillas de las hojas por lo menos 2". Acomode el material para que la unión quede en las líneas del dibujo o en las grietas simuladas. Haga coincidir los dibujos y pegue las hojas juntas con cinta adhesiva.

2 Acomode la plantilla de papel sobre su material y péguela con cinta adhesiva en el lugar que le corresponde. Con un marcador puede trazar la orilla de la plantilla en el material del piso.

3 Quite la plantilla. Corte el material con una cuchilla para piso afilada. También puede cortarlo con una cuchilla con mango que tenga nueva la hoja.

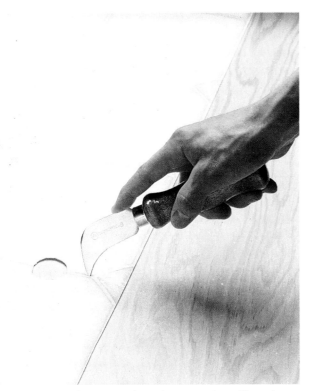

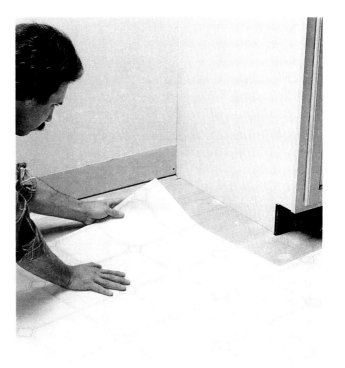

4 Corte los agujeros para los tubos o postes utilizando una cuchilla para pisos o una cuchilla con mango. Corte después una abertura desde el agujero hasta la orilla más cercana del material. Si es posible, haga los cortes siguiendo las líneas del dibujo.

5 Enrolle muy suelto el material para piso y páselo a la cocina. No lo doble. Desenróllelo y acomódelo con cuidado. Deslice las orillas por debajo del corte para los marcos de las puertas (página 63).

(continúa en la página siguiente)

Cómo instalar los materiales elásticos en rollo (continuación)

6 Corte las uniones de las piezas del material que va a instalar contiguas guiándose por una regla metálica. Sostenga firmemente la regla contra el material y corte a lo largo de las líneas del dibujo por ambas capas del material vinílico.

7 Quite ambos sobrantes del material. Los dibujos de ambas piezas casan.

8 Doble hacia atrás las orillas de las uniones y aplique una franja de 3" de adhesivo para pisos al contrapiso, utilizando una espátula dentada.

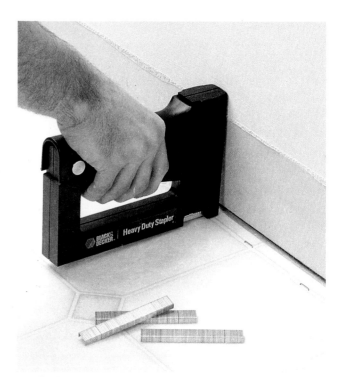

9 Acomode las orillas de las uniones sobre el adhesivo, una primero y otra después. Asegúrese de que la unión queda muy bien empalmada. Presione las orillas de la unión con un rodillo de hule.

10 Fije las orillas exteriores del material al contrapiso de madera con grapas de 3/8" colocadas cada 3". Cerciórese de que las grapas quedarán cubiertas con la moldura del zoclo.

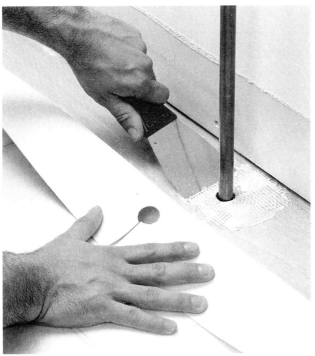

11 Unte adhesivo bajo los cortes que haya hecho al material para tubos y postes. Pegue con un rodillo de hule.

Pegue el material al concreto o a otras superficies rígidas untando una franja de adhesivo para pisos de 3", en lugar de engrapar las orillas.

Cómo pegar pisos de madera dura

1 Algunos tipos de material para pisos requieren colocarse sobre una capa completa de adhesivo. Pegue una mitad a la vez. Haga una prueba sin pegarla, después doble hacia atrás la mitad del material y ponga adhesivo al piso con una llana con muescas.

2 Acomode el material sobre el adhesivo y repita el procedimiento para la otra mitad de la hoja. Pegue presionando con un rodillo de amasar o uno de hule.

Colocación de pisos de madera preacabados

Cuando instala pisos de madera dura con acabados previos, le proporciona a su cocina un aspecto cálido, agradable y cómodo al pisarlo. Los pisos de madera dura se fabrican en duelas de 2" a 4" de ancho o en tablones de más de 4" de ancho. En los cantos tienen pestañas o ranuras que facilitan una buena unión, y vienen entintados y con un acabado de varias capas de poliuretano resistente.

Los pisos de madera se instalan generalmente sobre un adhesivo aplicado con llana, aunque algunos tipos se pegan hundiendo la parte con lengüeta a la ranurada y se colocan "flotantes" sobre hojas delgadas de contrapiso de hule espuma. Las duelas y tablones se pueden colocar sobre cualquier superficie lisa, seca y nivelada.

Materiales necesarios:

Herramientas de mano básicas (página 6): flexómetro, tiralíneas.

Herramientas eléctricas básicas (página 7): caladora con hoja para madera.

Materiales básicos: material para piso de madera con acabado previo, cartón, masking tape.

Herramientas y materiales especiales: foto a la derecha.

Herramientas y materiales especiales. Incluyen: rodillo para piso (A), adhesivo para piso (B), pegamento de carpintero (C), llana con muescas (D), mazo (E), tiralíneas (F).

Cómo pegar pisos de madera dura

1 Establezca una línea guía recta cuando vaya a colocar pisos de madera. Trace con gis una línea paralela a la pared más larga, más o menos a 30" de la pared. Arrodíllese en este lugar para comenzar a instalar el piso.

2 Aplique adhesivo al contrapiso con una llana con muescas, siguiendo las instrucciones del fabricante. Tenga cuidado de no cubrir la línea guía con el adhesivo. Trabaje alejándose del espacio de 30".

(continúa en la página siguiente)

Cómo pegar pisos de madera dura (continuación)

3 Ponga pegamento de carpintería al extremo ranurado de cada pieza del piso justo antes de colocarla. El pegamento ayuda a que el empalme permanezca firme. No ponga pegamento a las orillas largas de las duelas.

4 Instale la hilera inicial de duelas con la línea de la lengüeta justo sobre la línea trazada con gis. Cerciórese de que los empalmes están apretados y quite inmediatamente los sobrantes de pegamento. En las paredes, deje un margen de 1/2" para la expansión estacional de la madera. Esta abertura queda cubierta por el zoclo y la moldura de éste.

5 Para las hileras sucesivas, inserte la lengüeta en la canaleta de la hilera precedente y baje la duela hacia el adhesivo en el piso. Deslice suavemente los extremos del empalme.

6 Utilice un mazo y un trozo de duela para pegar suavemente las tablas y comprimirlas. Todas las uniones deben quedar muy apretadas.

7 Utilice una plantilla de cartón para ajustar las duelas en las áreas irregulares. Corte el cartón a que ajuste en el espacio, y deje un margen para expansión cerca de la pared. Trace la plantilla del contorno sobre la madera y corte con una segueta.

8 Pegue el piso presionando con un rodillo pesado para madera. Esto se debe hacer dentro de las tres horas siguientes a la aplicación del adhesivo. El rodillo se puede pedir prestado o rentado a un distribuidor de material para pisos.

Cómo instalar un piso sobre espuma compacta de poliuretano

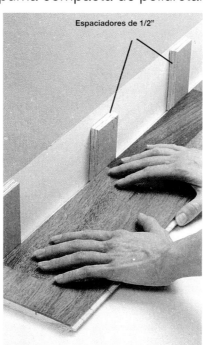

1 Desenrolle la capa de hule espuma y córtela al tamaño de la habitación. Pegue las juntas con masking tape.

2 Comience la instalación en la pared más larga de la cocina. Utilice espaciadores de 1/2" para dejar la abertura necesaria para la expansión estacional de la madera.

3 Una los tablones aplicándoles pegamento de carpintero a las lengüetas. Termine la instalación de la misma forma como se indicó para los pisos de madera pegados al contrapiso (pasos 5 a 7).

Colocación de pisos de losetas de cerámica

Las losetas de cerámica para piso se consiguen en muchos estilos, colores y dibujos. Las losetas vidriadas tienen una capa de color, dura en la superficie, y pueden ser brillantes, mate o tener textura. Las losetas sin vidriar, llamadas también losetas de cantera, tienen color en todo el material. Las losetas de cantera deben protegerse con un sellador para albañilería una vez que han sido colocadas.

Las losetas de cerámica se pueden instalar sobre el piso ya existente, siempre que éste sea plano y esté bien unido al firme. Consulte la guía en la página 59. Observe que las losetas de cerámica se deben instalar sobre firmes que no tengan menos de 1 1/8" de grosor total. Si son más delgados, la flexión del firme puede hacer que las losetas se rompan o se estrelle el relleno en las juntas. No debe instalar losetas de cerámica en pisos con firmes de aglomerado. Si es necesario, vea que un contratista profesional evalúe el firme.

Acomode las losetas de cerámica empleando la misma técnica que utilizó para los pisos de madera o losetas de parquet (páginas 64 a 67). Haga una prueba sin pegarlas para ver si la forma como las acomodó resulta agradable.

Materiales necesarios:

Herramienta de mano básica (página 6): lápiz.

Materiales básicos: losetas de cerámica, espaciadores de plástico para las juntas.

Herramientas y materiales especiales: foto, página opuesta.

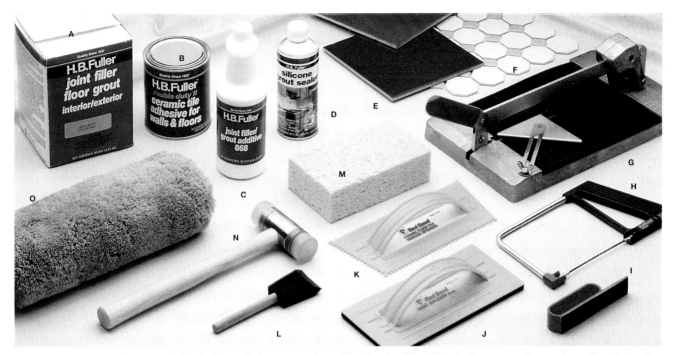

Herramientas y materiales especiales. Incluyen: Relleno para grietas (A), adhesivo (B), aditivo de látex para rellenar grietas (C), sellador de silicón (D), losetas vidriadas (E), losetas de mosaico (F), cortador de losetas (G), segueta para losetas (H), lijadora para losetas (I), llana para rellenar grietas (J), llana con muescas (K), brocha de hule espuma (L), esponja (M), mazo (N), madera de 2 x 4 envuelta en alfombra (O).

Cómo instalar losetas de cerámica para pisos

1 Prepare el piso y trace líneas guía perpendiculares por el punto central del piso (páginas 62 a 66). Acomode las losetas para que el resultado final sea agradable a la vista.

2 Aplique adhesivo al piso siguiendo las instrucciones del fabricante. Comience en el punto central. Utilice una llana con muescas cuidando de no cubrir las líneas guía para el acomodo.

3 Empiece acomodando las losetas en el cruce central, colocándolas contra las líneas guía. Utilice espaciadores de plástico para que la separación entre una loseta y otra sea pareja.

(continúa en la página siguiente)

Cómo instalar losetas de cerámica para pisos (continuación)

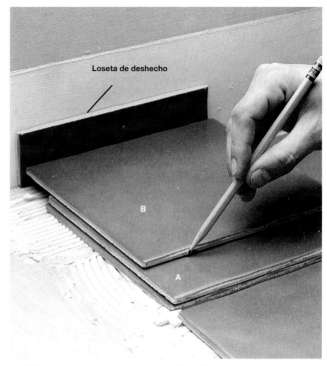

Loseta de deshecho

Espaciador de plástico

4 Envuelva un trozo corto de madera de 2 x 4 en un retazo de alfombra o toalla. Colóquelo sobre las losetas y péguele ligeramente con un mazo para fijar las losetas en el adhesivo. Quite los espaciadores con palillos de dientes.

5 Haga marcas en las losetas de las orillas para los cortes. Para dejar espacio para la junta, acomode un trozo de loseta perpendicular al piso y junto a la pared. Coloque una loseta suelta (A) directamente sobre la última loseta que colocó. Coloque otra loseta (B) sobre la loseta A haciéndola llegar hasta la loseta en la pared. Marque la loseta A y córtela de modo que cubra el hueco en el piso.

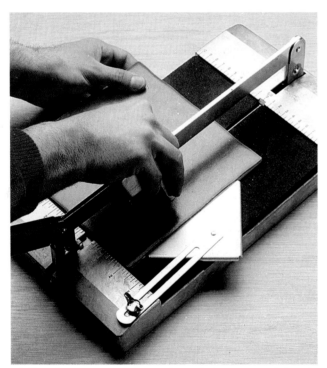

6 Para lograr cortes rectos, coloque la loseta con el derecho hacia arriba en el cortador de losetas. Ajuste la herramienta al ancho adecuado y haga una línea continua de corte jalando la carretilla de corte por el derecho de la loseta. Quiebre la loseta por la línea marcada. Alise las asperezas con un lijador para losetas.

7 Utilice una plantilla de cartón para acomodar las losetas en áreas irregulares. Corte el cartón para que quepa en el área, dejando el mismo espacio para las juntas. Pase el contorno de la plantilla a la loseta y córtela para que ajuste.

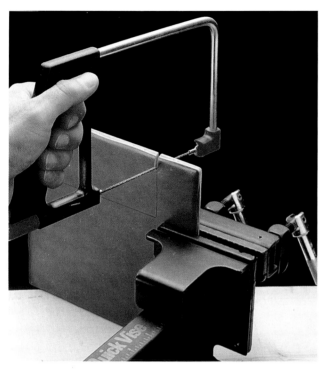

8 Sujete la loseta con un tornillo de banco o con prensas para cortar formas irregulares. Las quijadas del tornillo de banco deben estar forradas con hule o madera para no rayar la loseta. Corte a lo largo del contorno que marcó usando una segueta para losetas. Quite las asperezas de las orillas. Con un lijador de losetas.

9 Mezcle el relleno para las juntas con el aditivo de látex siguiendo las instrucciones del fabricante. Póngale el relleno al piso con una llana para rellenar grietas. Utilice un movimiento curvo para forzar el relleno en las juntas.

10 Limpie el sobrante del relleno con una esponja húmeda. Deje que seque ligeramente y quite el residuo polvoso. Deje reposar el tiempo indicado por el fabricante.

11 Con una brocha de hule espuma o un rasero aplique sellador de silicón al piso. Deje secar y aplique una segunda capa.

Alacenas

Alacenas

Las alacenas determinan el aspecto y funcionamiento de una cocina. Deben proporcionar un espacio adecuado de almacenamiento y tener un aspecto agradable que armonice con otros elementos de la cocina y el hogar.

Pinte las alacenas que ya tiene para proporcionarle a su cocina un aspecto diferente a un costo mínimo. Las alacenas de madera, metal o previamente pintadas se pueden pintar de cualquier color. No pinte los laminados de plástico.

Para crear un cambio notable de estilo forre las alacenas. Los estuches para este tipo de renovación incluyen nuevas puertas para las alacenas, frentes para los cajones y revestimientos que hacen juego con los marcos y costados de las alacenas. De esta forma puede remozar cualquier tipo de alacena.

Si desea transformar completamente una cocina, instale nuevas alacenas. Éstas vienen en una amplia gama de estilos y colores y la mayoría de fabricantes ofrecen una gran variedad de accesorios que aumentan la eficiencia del almacenamiento.

Varias compañías fabrican alacenas modulares especialmente diseñadas para instalarlas usted mismo. Las alacenas modulares tienen acabado en ambos costados y se pueden acomodar para adaptarlas a cualquier disposición en la cocina.

Diferentes opciones

Pinte las alacenas (páginas 86 a 87) para darle un nuevo aspecto a su cocina a un costo moderado.

Renueve las alacenas (páginas 88 a 91) cambiando las puertas y frentes de los cajones y aplicando un revestimiento nuevo a los costados de las alacenas y marcos del frente. Todo esto le cuesta mucho menos que instalar alacenas nuevas.

Instale alacenas nuevas (páginas 92 a 107) si desea transformar completamente su cocina. Para quienes hacen la instalación por sí mismos se diseñan especialmente varios estilos de alacenas.

Pintado de alacenas

Pinte sus alacenas para renovar la cocina rápidamente a bajo costo. Las alacenas se usan mucho y se lavan frecuentemente, así que debe pintarlas con esmalte resistente. El esmalte es más duradero que la pintura para paredes. La mayor parte de estas tareas requieren dos capas de pintura. Lije suavemente las superficies entre una y otra capa.

Cuando emplee pinturas alcídicas utilice brochas de cerdas naturales y de cerdas sintéticas cuando utilice látex.

Las alacenas barnizadas se pueden pintar si se prepara adecuadamente la superficie. Utilice líquido para quitar el brillo y después ponga pintura de imprimación (primer) en todas las superficies. Las pinturas alcídicas dan mejores resultados en las alacenas barnizadas.

Materiales necesarios:

Herramientas de mano básicas (página 6): desarmador.

Materiales básicos: pintura de esmalte.

Herramientas y materiales especiales: foto, abajo.

Herramientas y materiales especiales. Incluyen: lámpara de trabajo (A), charola para la pintura (B), removedor de pintura (C), primer/sellador (D), brocha de banda diagonal (E), brocha para molduras (F), espátula (G), lija (H), rodillos para pintura (I).

Cómo pintar las alacenas

1 Vacié las alacenas. Quite las puertas, cajones, estantes removibles y todos los herrajes. Si va a pintar los herrajes de nuevo, quite la pintura vieja remojando los herrajes en removedor.

2 Lave las alacenas con detergente suave. Desprenda la pintura floja. Lije todas las superficies. Limpie el polvo de la lijada y ponga una primera base en la madera descubierta usando un sellador.

3 Pinte primero los interiores en este orden: 1) paredes de fondo, 2) parte superior, 3) costados, 4) base de la alacena. Pinte al último la parte inferior, superior externa y orillas de los estantes.

4 Las superficies exteriores grandes se pintan con un rodillo de pelo corto. Trabaje de la parte superior hacia abajo.

5 Pinte ambos lados de las puertas, comenzando con las superficies interiores. Pinte las puertas con paneles en este orden: 1) paneles, 2) marcos horizontales, 3) largueros verticales.

6 Pinte los frentes de los cajones hasta el final. Deje que las puertas y los cajones sequen durante varios días. Instale los herrajes y cuelgue las puertas.

Recubrimiento de alacenas

Renueve las alacenas de su cocina para cambiar el estilo de ésta. Los estuches para renovación de cocinas incluyen puertas nuevas, frentes para cajones y revestimientos para la superficie, marcos frontales y costados de las alacenas. También puede pedir herrajes nuevos.

Materiales necesarios:

Herramientas de mano básicas (página 6): cuchilla con mango, regleta metálica, escuadra ajustable, serrucho.

Herramientas eléctricas básicas (página 7): taladro, desarmador de baterías.

Materiales básicos: estuche para renovar, tinta y acabado de poliuretano (para dar el acabado a los revestimientos que no lo tengan), herrajes para las alacenas.

Herramientas y materiales especiales: rodillo para recubrimientos de pared, raspador de pintura, lija del 100 y 150.

Cómo renovar las alacenas

1 Quite las puertas viejas, bisagras, pasadores y el resto de los herrajes. Pinte el interior de las alacenas si lo desea (páginas 86 a 87).

2 Quite los acabados flojos o que estén desprendiéndose. Llene los agujeros y partes astilladas con emplasto de látex para madera. Deje que seque y lije un poco los costados, vistas y orillas de las alacenas con lija del 150.

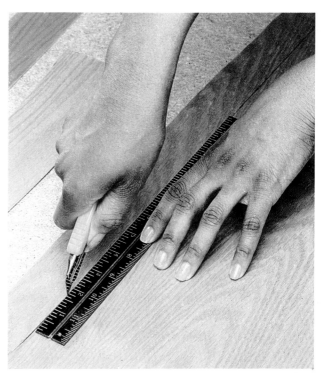

3 Saque el revestimiento del paquete y acomódelo plano sobre una superficie lisa. Mida cada superficie que va a cubrir y aumente 1/4" para el traslape. Corte las piezas del revestimiento con una regleta metálica y una cuchilla con mango.

4 Ponga primero el revestimiento a las partes verticales de la estructura. Desprenda el papel protector para descubrir una esquina de adhesivo. Acomode el revestimiento y presione ligeramente para pegar la esquina. Desprenda gradualmente la protección y saque las burbujas con los dedos. Recorte el sobrante de revestimiento con una cuchilla con mango.

5 Ponga el revestimiento en los travesaños de la estructura, traslapando los largueros. Recorte el sobrante con una cuchilla con mango, utilizando como guía una regleta metálica. Pegue el revestimiento a los costados de la alacena y recorte el sobrante con una cuchilla con mango.

(continúa en la página siguiente)

Cómo renovar las alacenas (continuación)

6 Adhiera bien el revestimiento pasando un rodillo especial para paredes por toda la superficie.

7 Entinte las puertas nuevas y los frentes de los cajones si es que no vienen ya con acabado. Entinte el revestimiento sin acabado para que resulte del mismo color. Aplique tres capas de acabado de poliuretano, lijando un poco entre una y otra capa con lija del 150.

8 Fije una escuadra móvil en la marca de 2". Utilice la escuadra para colocar las bisagras a una distancia equidistante de las partes superior e inferior de la puerta. Utilice un clavo para acabado o punzón para señalar la posición de los tornillos.

9 Taladre agujeros guía y fije las bisagras con tornillos. Ponga los mangos, jaladeras y pasadores. El trabajo se hace más rápido con un desarmador de baterías.

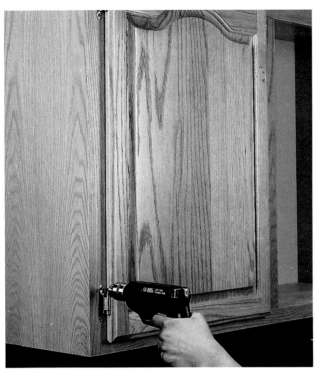

10 Fije las puertas de las alacenas a los marcos. Asegúrese de que las puertas traslapan las aberturas en una medida igual por los cuatro lados. Deje una abertura de 1/8" entre puertas que cubran la misma abertura.

11 Quite con un serrucho todas las orillas sobrantes de los cajones de una sola pieza. Si los frentes de los cajones son de dos piezas, quite los tornillos descartando la parte frontal decorativa.

Frente falso
del cajón

12 Ponga nuevos frentes taladrando agujeros piloto y poniendo tornillos por dentro de los cajones para que sujeten los nuevos frentes de los cajones. Cerciórese de que los frentes sobresalen un margen igual en los cuatro lados.

13 Fije los falsos frentes en las alacenas del fregadero y de las hornillas cortando tiras de madera que cubran algo más del espacio de las aberturas de los cajones. Acomode las tiras por el interior de las alacenas. Sujételas atornillando desde estas tiras hasta sujetar bien los falsos frentes.

Travesaños
horizontales

Largueros

Las alacenas con marcos tienen aberturas que quedan completamente rodeadas por marcos visibles hechos de **largueros** verticales y **travesaños** horizontales. Le imparten a la cocina un aspecto tradicional.

Las alacenas sin marco, también conocidas como de "estilo europeo", son más contemporáneas. Como no tienen marcos al frente, ofrecen ligeramente más espacio que las alacenas con marco.

Las bisagras se atornillan directamente a los marcos en las alacenas que los tienen. Las mejores alacenas tienen bisagras ajustables que permiten acomodar la alineación de la puerta.

En las alacenas sin marcos las bisagras se atornillan directamente al interior de la alacena, eliminando la necesidad de marcos al frente. Las bisagras quedan ocultas proporcionando un aspecto más despejado.

Selección de nuevas alacenas

El folleto de especificaciones contiene listas de todas las dimensiones de las alacenas y molduras o piezas complementarias. En papel para gráficas puede trazar el plano de la cocina y utilizar el catálogo para trazar el acomodo de las alacenas.

Las alacenas de cocina se fabrican en gran diversidad de formas y acabados, pero su construcción básica es similar. Los diferentes estilos de puertas, frentes de los cajones y los herrajes les proporcionan su carácter individual y singularidad.

Las alacenas con marcos tienen aberturas completamente rodeadas por marcos visibles y las bisagras de las puertas se fijan directamente a los marcos. Tienen un aspecto tradicional.

Las alacenas sin marcos (también llamadas de "estilo europeo") no tienen marcos a la vista. Las bisagras "invisibles" especiales se fijan por la parte interior de las paredes de la alacena. Las puertas y cajones en estas alacenas cubren toda la unidad lo que proporciona un estilo contemporáneo con un poco más de espacio para almacenamiento.

Las alacenas modulares tienen lienzos acabados en ambos costados y se pueden acomodar de las más

diversas maneras, adaptándose a cualquier arreglo de cocina. Las puertas de las alacenas modulares son reversibles y se pueden abrir por la izquierda o la derecha. Resultan especialmente adecuadas para quienes hacen sus propias instalaciones.

Todos los fabricantes de alacenas tienen una selección de alacenas especializadas, accesorios para almacenar y molduras decorativas. Revise los catálogos de los fabricantes de línea cuando desee listas completas de todos los accesorios y alacenas disponibles.

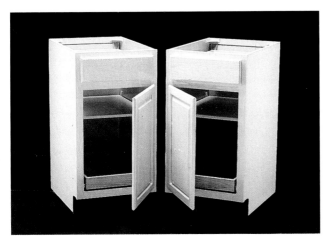

Las alacenas modulares tienen acabados en ambos costados. Las puertas se pueden cambiar para que abran de la izquierda o de la derecha. Se pueden arreglar para adaptarse a cualquier acomodo en la cocina.

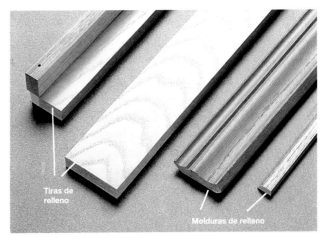

Tiras de relleno

Molduras de relleno

Molduras preterminadas. Hacen juego con los acabados de las alacenas modulares. Las tiras de relleno se utilizan en los espacios entre una y otra alacena, o entre ésta y una pared o aparato eléctrico. Las molduras pequeñas cubren los espacios entre las orillas de las alacenas y las paredes.

Cambio de molduras y alacenas viejas

Si las alacenas viejas son unidades modulares que se instalaron con tornillos, se pueden quitar enteras. Los construidos a la medida se deben cortar en piezas y descartarlos.

Materiales necesarios:

Herramientas de mano básicas (página 6): barreta, espátula para masilla.

Herramientas eléctricas básicas (página 7): desarmador de baterías.

Herramientas especiales: sierra recíproca.

Cómo quitar las molduras

Quite las molduras de adorno de las orillas y parte superior de las alacenas de pared con una espátula o barreta.

Quite la base de vinilo en la parte inferior de las alacenas. Meta una barreta o espátula debajo del vinilo y despréndalo.

Quite los zoclos y las molduras de los zoclos utilizando una barreta. Proteja la superficie de la pared empujando sobre trozos de madera.

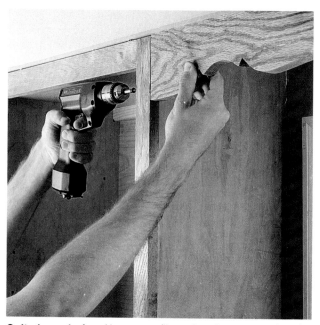

Quite las galerías. Algunas se fijan a las alacenas o a los plafones con tornillos. Otras están clavadas y deben jalarse para poder desprenderlas.

Cómo quitar las alacenas

1 Quite las puertas y cajones para que le sea más fácil alcanzar los espacios del interior. Tal vez necesite raspar la pintura vieja para dejar a la vista los tornillos de las bisagras.

2 Quite todos los tornillos de la parte trasera de las alacenas que sirvan para fijarlas a la pared. Las alacenas se pueden quitar como un conjunto, o pueden desarmarse.

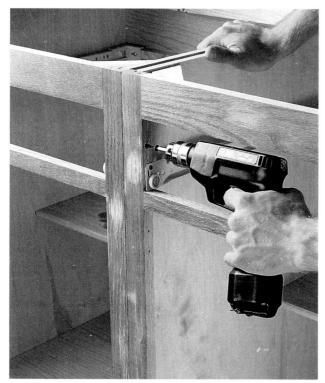

3 Separe cada alacena individual quitando los tornillos que sostienen juntos los marcos.

Las alacenas hechas a la medida por lo general no se pueden utilizar de nuevo. Córtelas en pedazos manejables utilizando una sierra recíproca o desármelas pieza por pieza con un martillo y una barreta.

Cómo preparar la cocina para las alacenas nuevas

La instalación de las nuevas alacenas resulta mucho más sencilla cuando la cocina está completamente vacía. Desconecte toda la plomería e instalación eléctricas sacando temporalmente sus aparatos eléctricos. Para quitar las alacenas viejas, consulte la página 95. Si necesita cambios en la instalación de plomería o eléctrica para la nueva cocina, debe hacerlo en este momento. Si va a cambiar el piso de la cocina, acabe este trabajo antes de empezar el acomodo e instalación de las alacenas.

Las alacenas se deben instalar a plomo y a nivel. Utilice un nivel como guía y trace líneas de referencia sobre las paredes que indiquen la colocación de las alacenas. Si el piso de la cocina está disparejo, encuentre el punto más elevado en el área del piso que quede cubierto por las alacenas de piso. Mida desde este punto más elevado para trazar las líneas de referencia.

Materiales necesarios:

Herramientas de mano básicas (página 6): barreta, espátula para masilla, desarmador, regleta metálica, nivel, lápiz marcador, flexómetro.

Herramientas eléctricas básicas (página 7): desarmador de baterías.

Materiales básicos: tablas de 1 x 3 listón recto de madera de seis a ocho pies de largo y de 2 x 4.

Herramientas y materiales especiales: pasta de relleno para paredes, llana, localizador de puntos de carga, tornillos para pared de 2 1/2".

Área alta lijada

Localizador de puntos de apoyo

Área baja rellenada

Puntos de apoyo

Listón
de 1 × 3

30"

84"

Línea de
referencia

34 1/2"

Cómo preparar las paredes

1 Encuentre los puntos salientes y los huecos en las superficies de las paredes mediante una tira recta de madera de 2 x 4. Rebaje con lija todos los puntos salientes.

2 Rellene los huecos de la pared. Aplique un compuesto para rellenar utilizando una llana. Deje secar y lije un poco.

3 Ubique y señale en la pared los puntos de apoyo utilizando un localizador electrónico de puntos de carga. Las alacenas se colgarán haciendo penetrar los tornillos en los puntos de apoyo a través del respaldo de las alacenas.

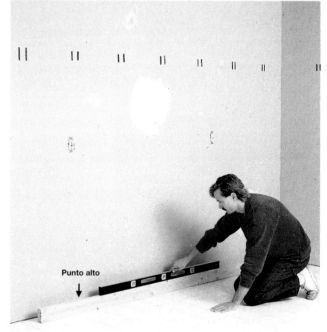

Punto alto

4 Encuentre el punto más alto del piso que vaya a cubrir las alacenas. Coloque el nivel sobre una tira recta y larga de madera de 2 x 4 y mueva la tira a lo largo del piso para determinar si está disparejo. Señale la pared en el punto más alto.

5 Mida 34 1/2" desde la marca del punto más alto. Trace con el nivel una línea de referencia en las paredes. Las alacenas de piso se deben instalar con las orillas superiores rozando esta línea.

6 Mida la distancia de 84" desde la marca del punto más alto y debajo una segunda línea de referencia. Las alacenas de pared se deben instalar con las orillas superiores rozando esta línea.

7 Mida 30" hacia abajo desde la línea de referencia de las alacenas de pared y trace otra línea a nivel en donde quedará la parte inferior de las alacenas. Contra esta línea va a fijar temporalmente unas soleras.

8 Instale temporalmente soleras de 1 x 3 cuya parte superior quede justo contra la línea de referencia. Fije las soleras con tornillos de pared de 2 1/2" colocados de manera alterna en los puntos de apoyo. Señale en las solera la ubicación de los puntos de apoyo. Durante la instalación, las alacenas descansarán temporalmente sobre las soleras.

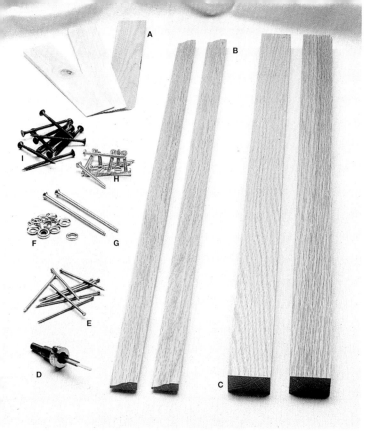

Colocación de alacenas

Las alacenas deben quedar firmemente ancladas a los puntos de carga de la pared y deben estar exactamente a plomo y a nivel para que las puertas y cajones funcionen con facilidad. Numere cada alacena y marque su posición en la pared. Quite las puertas y cajones de las alacenas y numérelas de modo que puedan colocarse de nuevo fácilmente después de instalar las alacenas.

Empiece con las alacenas en las esquinas, asegurándose de que están a plomo y niveladas. Las alacenas contiguas se alinean más fácilmente una vez que las de las esquinas se colocaron correctamente.

Herramientas y materiales especiales. Incluyen: calzas de madera (A), molduras (B), tiras para relleno (C), cuchilla para avellanado del no. 9 (D), clavos de acabado 6d (E), rondanas para acabado (F), tornillos para madera de 4" del no. 10 (G), tornillos para metal de 2 1/2" de no. 8 (H), tornillos de pared de 3" (I).

Materiales necesarios:

Herramientas de mano básicas (página 6): mordazas de carpintero, nivel, martillo, cuchilla con mango, juego de clavos, escalera.

Herramientas eléctricas básicas (página 7): taladro con broca helicoidal de 3/16", desarmador de baterías, caladora con hoja para madera.

Materiales básicos: alacenas, molduras de adorno, molduras de piso, tiras para relleno, galerías.

Herramientas y materiales especiales: foto, a la izquierda.

Cómo ajustar una alacena de esquina ciega

Antes de instalar definitivamente la alacena de una esquina y la alacena contigua, colóquelas juntas para cerciorarse de que las puertas y agarraderas de una no interfieren con los de la otra. Si es necesario, aumente el espacio libre para las puertas alejando la alacena de esquina ciega de la pared lateral no más de 4". Para que el espacio entre las orillas de las puertas y la alacena de la esquina sea uniforme (A, B), corte una tira de relleno y fíjela a la alacena contigua. Mida la distancia (C) como referencia al colocar la alacena ciega contra la pared.

Cómo instalar alacenas de pared

1 Coloque primero la alacena de esquina apoyándola contra la solera. Taladre agujeros de 3/16" que le sirvan de guía, perforando los puntos de apoyo en la parte trasera de la alacena. Fíjela a la pared con tornillos para metal de 21/2". No apriete todo lo necesario hasta colgar todas las alacenas.

2 Ponga una tira de relleno en la alacena contigua si es necesario (vea la página opuesta). Sujete la tabla de relleno en su lugar y perfore agujeros guía por el grueso del marco, cerca de la ubicación de las bisagras, utilizando una broca de avellanado. Fije la tira de relleno a la alacena con tornillos para metal de 2 1/2".

3 Coloque la alacena contigua sobre la solera, apretándola contra la alacena de esquina ciega. Cerciórese de que el frente de la alacena queda a plomo. Haga agujeros guía de 3/16" en los puntos de apoyo del muro por la parte trasera de la alacena. Fije la alacena con clavos para metal de 21/2". No los apriete completamente hasta colgar todas las alacenas.

4 Sujete la alacena de esquina a la alacena contigua por la parte superior e inferior. Las mordazas de carpintero no dañan los marcos de madera.

(continúa en la página siguiente)

Cómo instalar alacenas de pared (continuación)

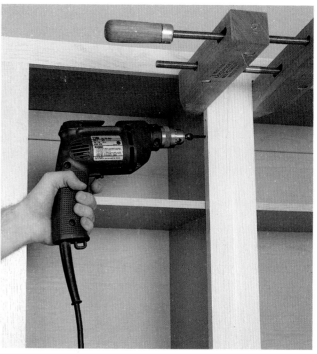

5 Fije la alacena de esquina ciega a la alacena contigua. Desde la esquina interior de la alacena, perfore agujeros a través del marco del frente. Una las alacenas con tornillos para metal.

6 Coloque y fije cada alacena adicional. Sujete los marcos uno con otro y perfore agujeros guía avellanados por la parte lateral del marco frontal. Una las alacenas con tornillos para metal. Taladre agujeros guía de 3/16" en las tiras de soporte y fije la alacena a los puntos de apoyo con tornillos para metal.

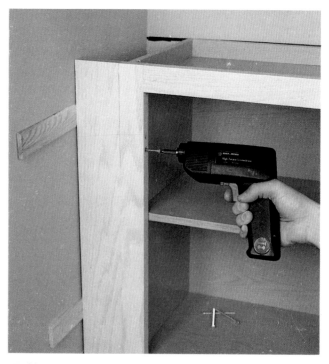

Una las alacenas sin marcos con tornillos para madera de 1 1/4" del No. 8 y roldanas de acabado. Cada par de alacenas debe quedar unido por lo menos por cuatro tornillos.

7 Llene los espacios pequeños entre una alacena y la pared o aparato doméstico con tiras de relleno. Corte el relleno para que ajuste en el espacio y fúercelo después en su lugar con calzas de madera. Taladre agujeros guía avellanados a través del costado del marco de la alacena y fíje el relleno con tornillos para metal.

8 Quite la solera temporal. Revise a plomo la alacena y ajústela si es necesario colocando calzas de madera detrás de la alacena, cerca de los puntos de apoyo. Apriete completamente los tornillos. Corte las calzas con una cuchilla con mango.

9 Utilice las molduras para cubrir cualquier abertura entre alacenas y paredes. Entinte las molduras para igualar el acabado de las alacenas.

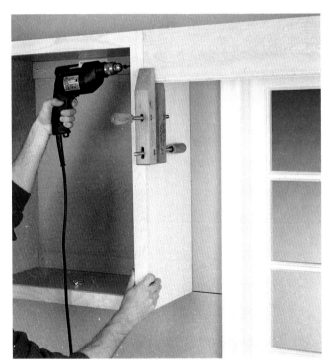

10 Fije la galería decorativa sobre la tarja. Sujétela a la orilla del marco de las alacenas y taladre agujeros avellanados por el costado de los marcos de las alacenas; perfore agujeros avellanados a través de los marcos de las alacenas al extremo de la galería. Fíjela con tornillos para metal.

11 Instale las puertas de las alacenas. Si es necesario, ajuste las bisagras para que las puertas queden rectas y a plomo.

Cómo instalar alacenas de piso

1 Comience la instalación con la alacena de esquina. Colóquela de modo que la parte superior quede rozando la línea de referencia. Cerciórese de que la alacena está a plomo y nivelada. Si es necesario, ajústela metiendo calzas bajo la base de la alacena. Tenga cuidado de no dañar el piso. Haga agujeros guía de 3/16" que lleguen a los puntos de apoyo en la pared. Fije las alacenas a la pared sin apretar demasiado utilizando tornillos para metal.

2 Póngale la tira de relleno a la alacena contigua, si es necesario (página 101). Sujétela en su lugar y taladre agujeros avellanados por un lado del marco frontal. Fije la tira de relleno con tornillos para metal.

3 Prense la alacena adjunta a la de esquina. Cerciórese de que está a plomo y taladre agujeros guía avellanados a través del marco de la alacena de esquina hacia la tira de relleno (página 102, paso 5). Una las alacenas con tornillos para lámina. Taladre agujeros guía de 3/16" a través de las tiras para fijarlas a los puntos de apoyo en la pared. No apriete demasiado las alacenas al poner los tornillos para metal.

4 Utilice una caladora para cortar cualquier abertura necesaria para la plomería, cableado o ductos de calefacción.

5 Coloque y una las alacenas adicionales, cerciorándose de que los marcos queden alineados. Presione las alacenas uniéndolas y luego taladre los agujeros guía avellanándolos por un lado de los marcos. Una de las alacenas con tornillos para metal. Las alacenas sin marco se unen con tornillos para madera de 1 1/4" del No. 8 y roldanas de acabado (página 102).

6 Cerciórese de que todas las alacenas están a nivel. Si es necesario, ajústelas poniendo calzas bajo las alacenas donde encuentre un hueco cerca de los puntos de apoyo, meta calzas de madera detrás de las alacenas. Apriete los tornillos a la pared. Corte las calzas con una cuchilla con mango.

Moldura inferior

Moldura de adorno

7 Utilice molduras para cubrir las aberturas entre las alacenas y la pared o piso. Las áreas de protección de la base de las alacenas se cubren frecuentemente con una tira de madera dura con un acabado similar al de las alacenas.

8 Si la esquina tiene un área vacía no cubierta por las alacenas, atornille listones de madera de 1 x 3, rozando la línea de referencia. Estos listones ayudan a sostener la cubierta.

Cómo instalar una alacena sujeta a las viguetas del techo

1 Corte una plantilla de cartón del mismo tamaño que la parte superior de la alacena de pared. Utilice la plantilla para trazar el contorno de la alacena en el techo. Señale la colocación del frente de la alacena en el contorno.

2 Ubique las viguetas con el localizador de puntos de carga. Si las viguetas van paralelas a la alacena, instale unos tarugos entre las viguetas para poder colgar la alacena (abajo). Mida la colocación de las viguetas y señale el marco de la alacena para indicar dónde van los tornillos.

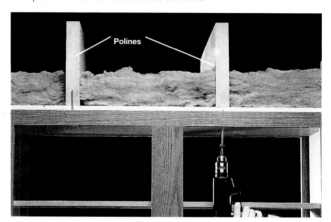

3 Pida a una o más personas que coloquen la alacena contra el techo. Perfore agujeros guía de 3/16" a través de los travesaños superiores de la alacena, para que penetren las viguetas del techo. Fije las alacenas con tornillos para madera de 4" y roldanas de acabado.

Vista del corte: La alacena se fija a las viguetas, con tornillos para madera y roldanas de acabado.

Cómo fijar una alacena a la estructura del techo (las viguetas deben ser fácilmente alcanzables)

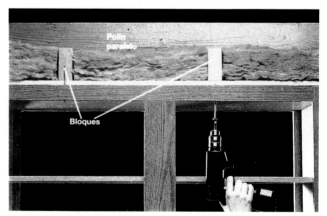

1 Perfore en cada esquina del contorno de la alacena unos agujeros para referencia. Desde arriba del techo, instale tarugos de 2 x 4 entre las viguetas. Este entramado se puede clavar en forma oblicua o recta a través de las viguetas.

2 Mida la distancia entre cada tarugo y la referencia que le proporcionan los agujeros que ya perforó. Haga marcas en el marco de la alacena que indiquen en qué lugar debe poner los tornillos de fijación. Perfore agujeros guía y una la alacena a los tarugos con tornillos para madera de 4" y roldanas de acabado, como se muestra en el corte (arriba).

Cómo instalar una alacena de piso al centro de la cocina

1 Coloque la alacena de piso en la posición correcta y trace ligeramente el contorno de la misma sobre el piso. Quite la alacena.

2 Ponga unas escuadras de madera de 2 x 4 en esquinas opuestas del contorno de la alacena. Dé espacio suficiente para el grosor de las paredes de la alacena fijando las escuadras 3/4" dentro del contorno de la alacena. Fije la escuadra al piso con tornillos para pared de 3".

3 Baje la alacena de piso sobre las escuadras. Revise el nivel del mueble y coloque calzas bajo la base si es necesario.

4 Fije la alacena a las escuadras del piso utilizando clavos de acabado del 6d. Taladre antes unos agujeros guía y suma las cabezas de los clavos con un punzón.

Plomería y aparatos domésticos

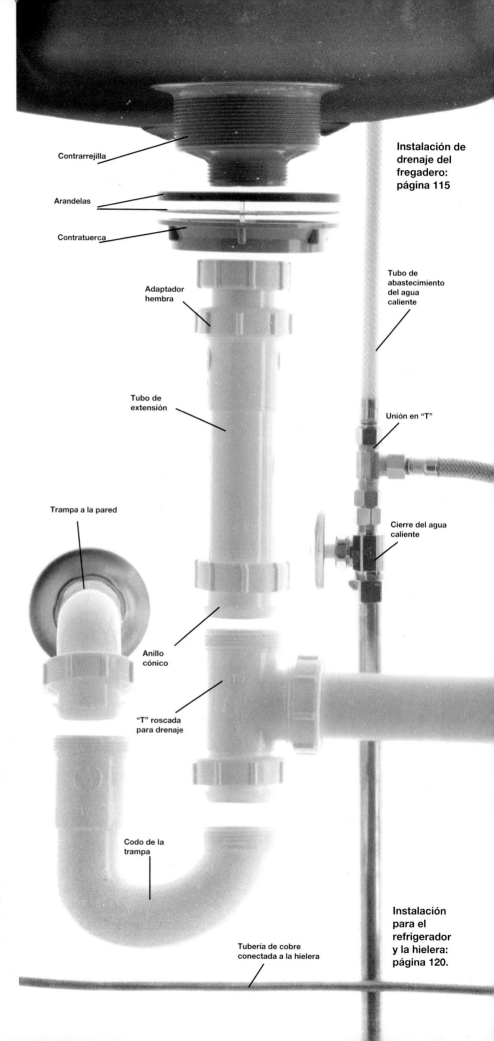

Contrarrejilla

Arandelas

Contratuerca

Instalación de drenaje del fregadero: página 115

Adaptador hembra

Tubo de extensión

Tubo de abastecimiento del agua caliente

Unión en "T"

Trampa a la pared

Anillo cónico

Cierre del agua caliente

"T" roscada para drenaje

Codo de la trampa

Tubería de cobre conectada a la hielera

Instalación para el refrigerador y la hielera: página 120.

Las conexiones finales para mezcladoras, drenajes y equipo doméstico se hacen después de que un electricista o plomero acaba la parte pesada del trabajo. Un electricista o plomero autorizado podrán cerciorarse de que se siguieron los reglamentos locales.

Cuando los reglamentos locales lo permitan, pida al electricista que instale contactos para todo el equipo pesado. Esto facilita desconectar los aparatos para darles servicio.

Si un trabajo de remodelado requiere nueva plomería y cableado, el trabajo deberá terminarse en las primeras etapas de la remodelación, antes de instalar los pisos, alacenas o equipo doméstico nuevo.

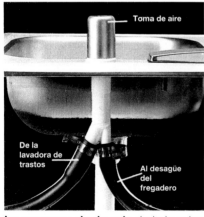

Toma de aire

De la lavadora de trastos

Al desagüe del fregadero

La manguera de drenaje de la lavadora de trastos se enlaza hacia arriba a través de una toma de aire que se fija a la tarja o a la cubierta. La toma de aire es un dispositivo de seguridad que evita que el drenaje tapado de la tarja suba a la lavadora de trastos.

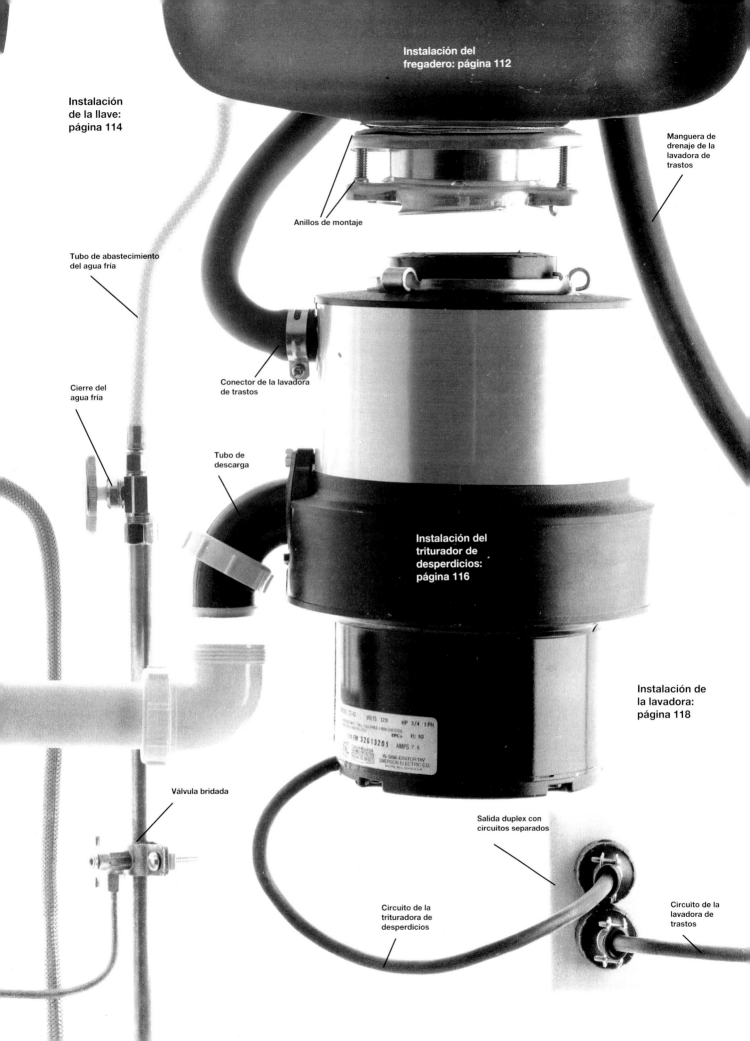

Instalación del
fregadero: página 112

Instalación
de la llave:
página 114

Manguera de
drenaje de la
lavadora de
trastos

Anillos de montaje

Tubo de abastecimiento
del agua fría

Conector de la lavadora
de trastos

Cierre del
agua fría

Tubo de
descarga

Instalación del
triturador de
desperdicios:
página 116

Instalación de
la lavadora:
página 118

Válvula bridada

Salida duplex con
circuitos separados

Circuito de la
trituradora de
desperdicios

Circuito de la
lavadora de
trastos

Cómo instalar una tarja

Herramientas y materiales especiales para plomería e instalación de equipo doméstico. Incluyen: masilla de plomero (A), segueta (B), pasta de silicón para tapar grietas (C), tarraja (D), sierra redonda (E), pinzas ajustables (F), abrazaderas de presión (G), herramienta múltiple (H).

Las tarjas para instalar uno mismo están hechas de hierro colado esmaltado, acero inoxidable o acero porcelanizado.

Las de hierro colado son pesadas, durables y relativamente fáciles de instalar. La mayoría vienen sin marcos y no requieren herrajes para montarlas.

Las de acero inoxidable y las de acero porcelanizado pesan menos que las de fierro colado. Posiblemente requieren un marco metálico y abrazaderas de montaje. Una buena tarja de acero inoxidable está hecha de acero al níquel calibre 18 ó 20, que se mantiene bien con el uso. El acero más ligero (designado con números mayores de 20) se desportilla con facilidad.

Algunas tarjas de excelente calidad están hechas con materiales de superficie muy compacta o porcelana y, por lo general, requieren de un especialista para su instalación.

Al escoger una tarja, cerciórese de que las perforaciones que ya trae coincidan con las de su mezcladora. Para trazar el contorno para la instalación de una tarja, consulte la página 31.

Materiales necesarios:

Herramientas de mano básicas (página 6): pistola para rellenar juntas, desarmador.

Materiales básicos: tarja, marco de la tarja, ménsulas de montaje.

Herramientas y materiales especiales: foto a la derecha.

Cómo instalar una tarja sin marco

1 Después de hacer el recorte en la cubierta acomode la tarja boca abajo. Ponga una tira de 1/4" de silicón para tapar grietas alrededor de la cara inferior de la pestaña de la tarja.

2 Coloque el frente de la tarja sobre el recorte de la cubierta sosteniendo la tarja por las aberturas para drenaje. Baje cuidadosamente la tarja a su lugar, presione para sellar y limpie el silicón sobrante.

Cómo instalar una tarja con marco

1 Voltee el marco de la tarja hacia abajo. Aplique una tira de 1/4" de silicón o masilla de plomero alrededor de ambos lados de la pestaña vertical.

2 Acomode la tarja con la parte superior hacia abajo, apoyándola dentro del marco. Doble las lengüetas para que sostengan la tarja. Acomódela cuidadosamente en la abertura del recorte y presione hacia abajo para sellar.

3 Ponga abrazaderas de gancho cada 6 u 8 pulgadas alrededor del marco desde la parte inferior de la cubierta. Apriete los tornillos de montaje. Limpie el sobrante de silicón del marco.

Instalación de la llave mezcladora y el desagüe

La mayoría de las mezcladoras nuevas para cocina tienen una sola palanca de control y diseños sin empaques. Rara vez necesitan mantenimiento. Los estilos más caros de los diseñadores ofrecen otras características, como acabados esmaltados en color, puntas rociadoras desprendibles o hasta lecturas digitales de temperatura.

Conecte la mezcladora a las tuberías de agua caliente y fría con tubos de abastecimiento hechos de vinilo o acero trenzado, fáciles de instalar.

Cuando los reglamentos locales lo permitan, utilice tubería plástica para las conexiones del drenaje. El plástico es poco costoso y se instala fácilmente.

La amplia variedad de conexiones angulares y de extensiones le permiten arreglar con facilidad cualquier combinación para la tarja. Los fabricantes ofrecen estuches que contienen todas las conexiones necesarias para aumentarle al sistema de drenaje un triturador de alimentos o una máquina lavatrastes.

Materiales necesarios:

Materiales básicos: mezcladora, tubos de abastecimiento de vinilo flexible o de acero trenzado, elementos para drenaje.
Herramientas y materiales necesarios: foto, página 112.

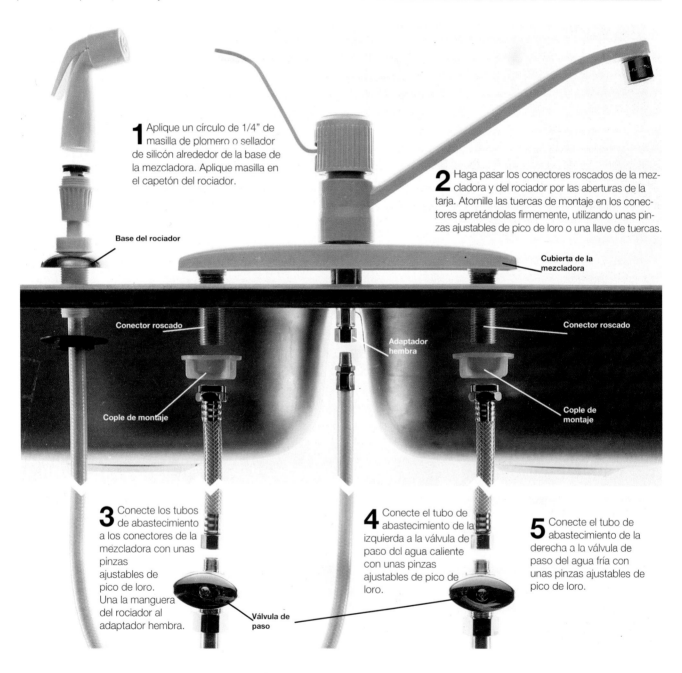

1 Aplique un círculo de 1/4" de masilla de plomero o sellador de silicón alrededor de la base de la mezcladora. Aplique masilla en el capetón del rociador.

Base del rociador

2 Haga pasar los conectores roscados de la mezcladora y del rociador por las aberturas de la tarja. Atornille las tuercas de montaje en los conectores apretándolas firmemente, utilizando unas pinzas ajustables de pico de loro o una llave de tuercas.

Cubierta de la mezcladora

Conector roscado

Conector roscado

Adaptador hembra

Cople de montaje

Cople de montaje

3 Conecte los tubos de abastecimiento a los conectores de la mezcladora con unas pinzas ajustables de pico de loro. Una la manguera del rociador al adaptador hembra.

Válvula de paso

4 Conecte el tubo de abastecimiento de la izquierda a la válvula de paso del agua caliente con unas pinzas ajustables de pico de loro.

5 Conecte el tubo de abastecimiento de la derecha a la válvula de paso del agua fría con unas pinzas ajustables de pico de loro.

Cómo fijar la tubería del drenaje

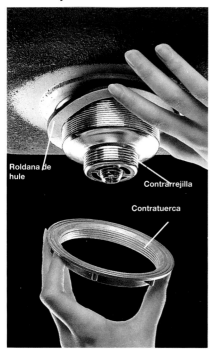

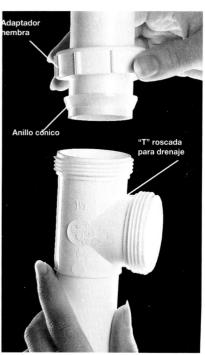

Roldana de hule

Contrarrejilla

Contratuerca

Anillo de hule

Adaptador hembra

Adaptador hembra

Anillo cónico

"T" roscada para drenaje

1 Instale la contrarrejilla en la abertura para drenaje de cada tanque. Póngale masilla de plomero alrededor de la parte inferior de la pestaña. Inserte la contrarrejilla en la abertura para drenaje. Acomode los empaques de hule y fibra pasándolos por la parte inferior roscada de la contrarrejilla. Atornille la contratuerca y apriete con pinzas ajustables.

2 Coloque el conector roscado en la contrarrejilla. Coloque el anillo de hule en la parte acampanada del conector roscado y fíjelo atornillando un adaptador hembra a la contrarrejilla. Si es necesario, puede cortar el conector roscado con la segueta.

3 Cuando las tarjas tienen dos tanques, utilice una "T" roscada para drenaje para unir los conectores (páginas 110-111). Fije la conexión con anillos cónicos y tuercas. El extremo acampanado del anillo cónico entra en la conexión en "T" y el adaptador hembra se enrosca por fuera.

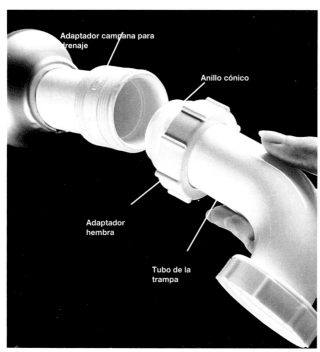

Adaptador campana para drenaje

Anillo cónico

Adaptador hembra

Tubo de la trampa

Codo de la trampa

4 El tubo de la trampa se une al adaptador campana con el adaptador hembra y un anillo cónico. El lado acampanado del anillo debe quedar frente al adaptador campana. Si es necesario, corte con segueta el tubo de la trampa.

5 Fije el codo de la trampa al tubo de la trampa usando adaptadores hembra y anillos cónicos. El lado acampanado del anillo debe quedar hacia la curva del codo. Apriete todas las tuercas con pinzas ajustables.

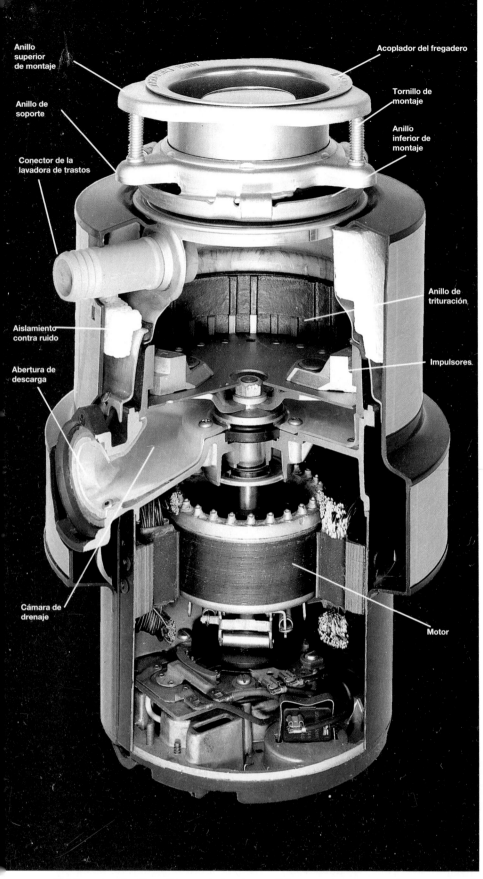

Anillo superior de montaje

Anillo de soporte

Conector de la lavadora de trastos

Aislamiento contra ruido

Abertura de descarga

Cámara de drenaje

Acoplador del fregadero

Tornillo de montaje

Anillo inferior de montaje

Anillo de trituración

Impulsores

Motor

Instalación del triturador de desperdicios

Escoja un triturador de alimentos con un motor de 1/2 caballo o más. Cerciórese de que el aparato sea autorreversible, lo que impide que se trabe. Los mejores modelos vienen acompañados de una garantía del fabricante hasta por cinco años.

Los reglamentos locales para plomería exigen tener un dispositivo conectado a tierra, controlado por un interruptor sobre el fregadero.

Materiales necesarios:

Herramientas de mano básicas (página 6): desarmador.

Materiales básicos: cable eléctrico del 12 con clavija a tierra, tuercas para cable.

Herramientas y materiales especiales: foto, página 112.

Instalación de un triturador de alimentos

1 Quite la placa inferior del triturador. Utilice una herramienta múltiple para quitar alrededor de 1/2" de aislamiento de cada cable de la conexión del aparato. Conecte los cables blancos con una tuerca para cables. Conecte los cables negros. Fije el cable aislado verde al tornillo de tierra, verde también. Empuje suavemente los alambres en la abertura. Coloque de nuevo la placa inferior.

El triturador de alimentos muele los desperdicios para que puedan deslizarse por el sistema de drenaje de la tarja. Un aparato de buena calidad cuenta con un motor de 1/2 caballo, auto reversible y que no se atore. Entre las características que se deben buscar se incluye el aislamiento de hule espuma, un triturador de fierro colado, una protección de sobrecargas que permite que el motor encienda de nuevo si se calienta en exceso. Los mejores trituradores tienen una garantía del fabricante por cinco años.

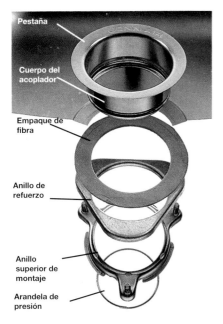

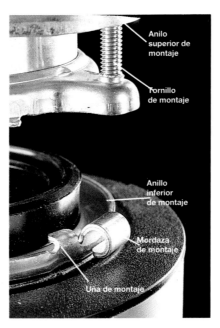

2 Ponga un listón de masilla de plomero bajo la pestaña del cuerpo del acoplador del triturador. Inserte el cuerpo del acoplador en la abertura del drenaje y deslice el empaque de fibra y el anillo de refuerzo en el cuerpo. Coloque el anillo superior de montaje y deslice la arandela de presión en la canal.

3 Apriete los tres tornillos de montaje. Sujete el triturador contra el anillo superior de montaje de manera que las mordazas de montaje del anillo inferior de montaje queden directamente bajo los tornillos de montaje. Gire el anillo inferior de montaje en dirección de las manecillas del reloj hasta que el triturador quede sujeto por el ensamble de montaje.

4 Fije el tubo de descarga a la abertura de descarga en un lado del triturador mediante el empaque de hule y la pestaña metálica.

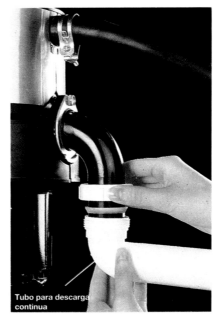

5 Si la máquina lavadora de trastos va a quedar unida, quite el tapón en el conector de la lavadora usando un desarmador. Fije el tubo de drenaje de la lavadora al conector con una abrazadera de presión.

6 Fije el tubo de descarga al tubo de salida continua con un anillo cónico y una tuerca. Si el tubo de descarga resulta demasiado largo, córtelo con una segueta o cortador de tubos.

7 Fije el triturador en su lugar. Inserte un desarmador o llave de tuercas especial en una de las mordazas de montaje del anillo inferior de montaje y gire en dirección de las manecillas del reloj hasta que las uñas de montaje cierren. Apriete todas las tuercas del drenaje con pinzas ajustables.

Instalación de la lavadora de trastos

Una lavadora de trastos requiere una conexión para agua caliente, otra para el drenaje y un enchufe eléctrico. Estas conexiones resultan fáciles cuando la lavadora está colocada junto al fregadero.

El agua caliente llega a la lavadora por un tubo de abastecimiento. Si cuenta con una válvula de varias salidas, o con una conexión en "T" para el tubo de agua caliente, puede controlar el agua que va al fregadero y a la lavadora de trastos con la misma válvula.

Para mayor seguridad, enlace el drenaje de la lavadora con una salida de aire montada en el fregadero o cubierta de la alacena próxima. Este sifón impide que el drenaje tapado regrese a la lavadora.

Una lavadora requiere su propio circuito eléctrico de 20 amperes. Por su propia conveniencia, conecte este circuito a una mitad de una base dúplex dividida. La otra mitad de la base abastece el triturador de alimentos.

> **Materiales necesarios:**
>
> Herramientas de mano básicas (página 6): desarmador, cuchilla con mango.
>
> Herramientas eléctricas (página 7): taladro con sierra redonda de 2".
>
> Materiales básicos: sifón, manguera de drenaje, conexión en "T" terminal, tubo de acero trenzado para abastecimiento, conector de hule para el triturador, codo de latón, cable del 12 para los aparatos.
>
> Herramientas y materiales especiales: foto, página 112.

Cómo instalar una lavadora de trastos

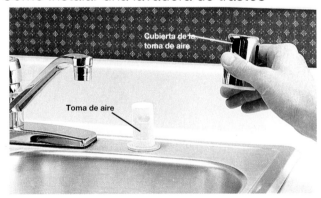

Cubierta de la toma de aire

Toma de aire

1 Monte la toma de aire usando una de las aberturas ya taladradas en la tarja. También puede abrir esta abertura con un taladro y sierra redonda. Fije la toma de aire apretando la tuerca de montaje al conector usando unas pinzas ajustables.

2 Abra las aberturas necesarias en un costado de la base de la alacena para la tarja tanto para la plomería como para las líneas eléctricas. Puede usar un taladro y sierra redonda. Las instrucciones de la lavadora de trastos especifican el tamaño y la ubicación de las aberturas. Deslice la lavadora de trastos en su lugar pasando el tubo de drenaje por el agujero al costado de la alacena. Nivele la lavadora (página 120).

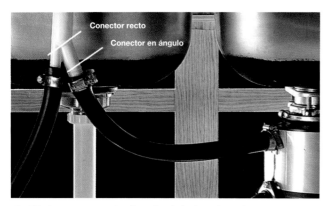

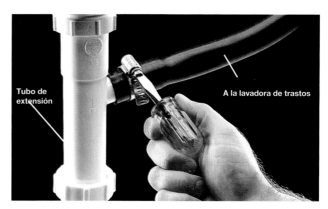

3 Fije la manguera de drenaje de la lavadora al conector recto más pequeño de la toma de aire usando una abrazadera de presión. Si la manguera es demasiado larga, córtela al tamaño adecuado con una cuchilla con mango. Corte otra pieza de manguera que vaya del conector inclinado y más largo hacia el triturador de alimentos. Fije la manguera a la toma de aire y al conector en el triturador utilizando pinzas ajustables.

En tarjas sin triturador de alimentos, fije un tubo de extensión a la contrarrejilla. Asegure la manguera de drenaje al conector del tubo de extensión utilizando una abrazadera de presión.

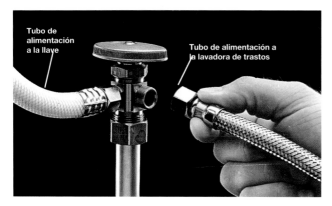

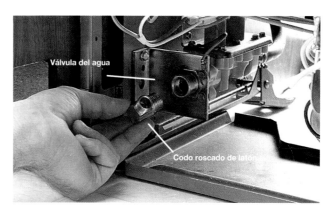

4 Conecte el tubo de abastecimiento a la válvula de cierre del agua caliente con unas pinzas ajustables. Esta conexión se hace con más facilidad con una válvula de cierre múltiple o una unión en "T" (página 110).

5 Quite la cubierta frontal de la lavadora. Conecte un codo de latón a la abertura roscada de la válvula de agua de la lavadora de trastes y apriete con pinzas ajustables.

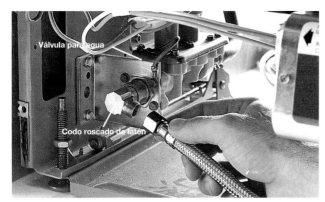

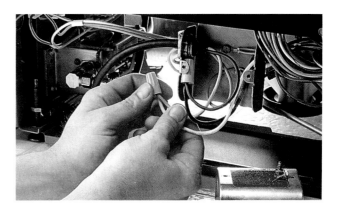

6 Lleve el tubo de abastecimiento de acero trenzado desde el tubo de agua caliente hasta la válvula de agua de la lavadora de trastes. Fije el tubo al codo de latón con pinzas ajustables.

7 Quite la cubierta de la caja de conexiones. Lleve el cable de alimentación desde la toma hasta la caja de conexiones. Quítele alrededor de 1/2" del hule protector del extremo de cada cable utilizando una herramienta múltiple. Conecte los cables negros con una tuerca para cables. Conecte los cables blancos. Conecte el cable verde aislado a un tornillo de tierra. Tape la caja de nuevo y ponga la tapa a la lavadora.

Instalación de aparatos domésticos

El equipo nuevo requiere en ocasiones que los circuitos eléctricos, plomería o las líneas de gas sean renovadas profesionalmente por plomeros o electricistas. Cada pieza grande de equipo requiere un circuito separado. Las líneas de gas deben tener válvulas de paso fácilmente accesibles.

Si ya se hicieron las mejoras eléctricas y de plomería, haga que un inspector de construcción revise el trabajo antes de conectar los aparatos.

Materiales necesarios:

Materiales básicos: tubo suave de cobre de 1/4", válvula bridada, conexiones de compresión.

Herramientas y materiales especiales: foto, página 112; carretilla para equipo doméstico.

Cómo nivelar los aparatos domésticos

El equipo pesado se mueve con una carretilla especial que puede rentar. Cerciórese de asegurar bien el equipo a la carretilla. Cuando coloque unidades grandes posiblemente necesite ayuda.

Nivele los aparatos grandes, como el refrigerador o la lavadora de trastos, dando vuelta a los regatones roscados frontales con las pinzas ajustables. En algunos aparatos es necesario quitar una tapa de acceso para poder hacer este ajuste.

Cómo conectar el congelador

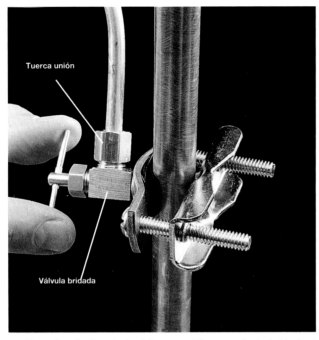

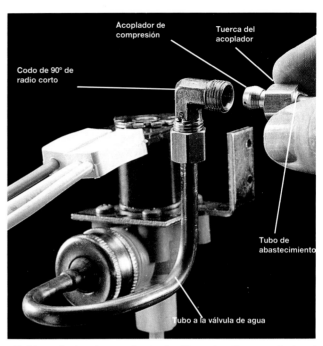

1 Cierre la válvula principal de agua. Fije una válvula bridada de 1/4" al tubo de agua fría. Conecte un tubo de cobre suave de 1/4" a la válvula bridada utilizando un anillo de compresión y una tuerca unión. Al cerrar por completo la espiga, la aguja dentro de la válvula perfora el tubo de agua.

2 Lleve el tubo de agua hasta el refrigerador. Conecte el tubo de abastecimiento de agua al tubo que llega a la válvula de paso con un codo de compresión de 1/4". Deslice las tuercas del acoplador y los acopladores de compresión sobre los tubos e inserte los tubos en el codo. Apriete las tuercas con pinzas ajustables.

Cómo hacer las conexiones eléctricas

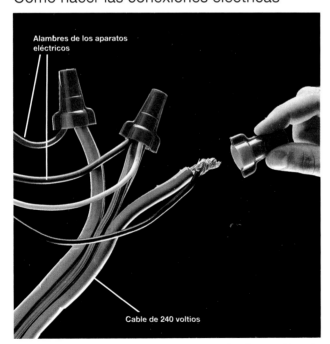

Utilice tuercas para cables para conectar la alimentación a los cables del aparato. El cable de alimentación para un aparato de 240 voltios tiene tres puntas. Cierre el interruptor de corriente. Pele alrededor de 5/8" del aislamiento de cada punta. Conecte el cable blanco del aparato y el verde (si es que lo tiene) al extremo central del cordón de energía con una tuerca especial. Fije los cables rojo y negro del aparato a las puntas laterales del cordón de energía.

Cómo conectar la tubería de gas

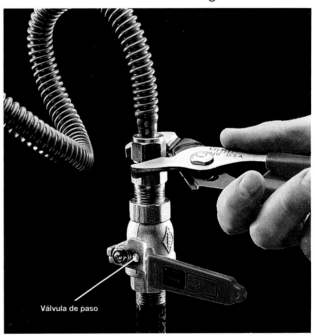

Conecte el tubo flexible de gas a la válvula de paso y al aparato con unas pinzas ajustables. Siga los reglamentos vigentes para las conexiones de gas.

Instalación de la campana de ventilación

Una campana de ventilación elimina de su cocina el calor, la humedad y los vapores que se generan al cocinar. Tiene una unidad con ventilador eléctrico con uno o más filtros y un sistema de ductos metálicos que llevan el aire al exterior. Una campana de ventilación con un ducto es más eficiente que un modelo sin ductos, que sólo filtra y recircula el aire sin sacarlo.

Los ductos metálicos para una campana de ventilación pueden ser redondos o rectangulares. Se consiguen codos y conectores intermedios para ambos tipos de ductos. Estas conexiones le permiten llevar el aire alrededor de las esquinas o unir los componentes del ducto que tengan forma o tamaño diferentes.

Materiales necesarios:

Herramientas de mano básicas (página 6): flexómetro, desarmadores, martillo, protección para los ojos, lápiz.

Herramientas eléctricas básicas (página 7): taladro.

Materiales básicos: secciones de codos y tapa de ducto, campana de ventilación, tornillos de 1 1/2" para metal, tornillos de pared de 1 1/4".

Herramientas y materiales especiales: foto, abajo.

Herramientas y materiales especiales. Incluyen: sierra recíproca con hoja de diente grueso para madera (A), sellador de silicón para grietas (B), cinta para el ducto (C), tuercas para alambre (D), broca helicoidal de 1/8" (E), cuchilla para avellanado del no. 9 (F), tornillos para metal de 3/4" (G), tornillos para metal de 2 1/2" (H), herramienta múltiple (I), cincel de albañil (J), clavos de albañilería de 2" (K), cortadoras de metal (L), broca de concreto (M), martillo de bola (N).

Campana de ventilación a la pared (aparece en corte). Se instala entre las alacenas de pared. La unidad del extractor se fija a un forro de metal que está anclado a las alacenas. El ducto y la conexión del codo extraen los vapores de la cocina hacia el exterior por una tapa unida a la pared. El ventilador de extracción y el ducto están cubiertos de madera o de paneles de laminado que armonizan con el acabado de la alacena.

Tapa para la pared

Campana de ventilación

Codo segmentado

Ducto

Forro

Paneles de madera

Cómo instalar un extractor montado a la pared

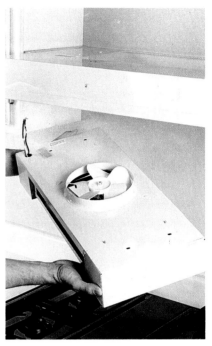

1 Fije unos listones de madera de 3/4" x 4" x 12" a los costados de las alacenas de pared utilizando tornillos para madera de 1 1/4". Siga las instrucciones del fabricante para instalar la ventilación a la distancia adecuada de la estufa.

2 Coloque el forro de la campana entre los listones y fíjela con tornillos de 3/4" para metal.

3 Quite los tableros de las divisiones del alumbrado, del ventilador y de los compartimientos eléctricos, conforme lo indique el fabricante. Coloque la unidad del ventilador dentro del forro y sujétela con tuercas a los pernos de montaje dentro de los compartimientos de iluminación.

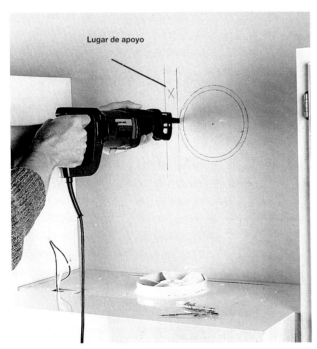

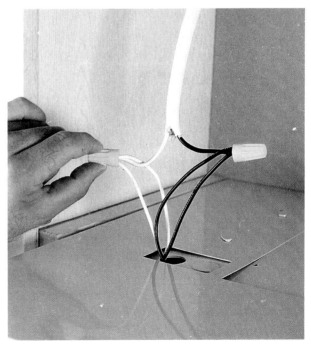

4 Localice los puntos de apoyo en la pared en que saldrá el ducto utilizando un localizador de sitios de carga. Señale el lugar en que hará el orificio. El espacio debe medir 1/2" más de diámetro que el ducto. Termine el corte con una sierra recíproca o una caladora. Quite cualquier material aislante de la pared. Taladre un agujero guía hasta la pared exterior.

5 Quite alrededor de 1/2" del aislamiento de plástico de cada cable en los cables del circuito utilizando una herramienta múltiple. Conecte juntos los cables negros con una tuerca para cables. Conecte los cables blancos. Meta suavemente los cables de nuevo en la caja eléctrica. Coloque de nuevo los tableros de cubierta en los compartimientos de la luz y del ventilador.

(continúa en la página siguiente)

Cómo instalar un extractor montado a la pared (continuación)

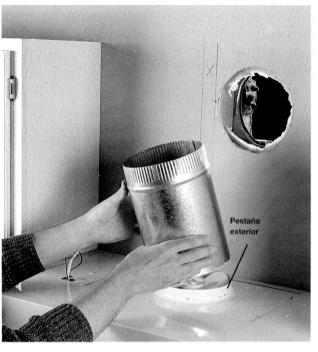

Pestaña exterior

6 Haga la abertura en la pared exterior. Si es de albañilería, haga una serie de agujeros alrededor del contorno de la abertura. Quite el material sobrante con cincel y martillo de bola. Por el lado de la madera, haga el corte con una sierra recíproca.

7 Fije la primera sección del ducto deslizando el extremo liso sobre la pestaña exterior del ventilador. Corte las secciones del ducto al largo necesario con unas tijeras para metal.

8 Taladre tres o cuatro agujeros guía alrededor de la junta, en ambas capas de metal con una broca helicoidal de 1/8". Fije el ducto con tornillos para metal de 3/4". Selle la junta con cinta para ducto.

9 Una las otras secciones del ducto deslizando el extremo liso sobre el corrugado de la sección precedente. Si desea cambiar la dirección en el trayecto del ducto, utilice un codo ajustable. Selle todas las juntas con tornillos para metal y cinta para ducto.

10 Instale la tapa del ducto en la pared exterior. Aplique una tira gruesa de sellador de silicón para grietas a la pestaña de la tapa. Deslice la tapa sobre el extremo del ducto.

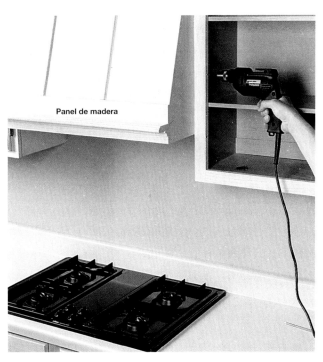

11 Fije la tapa a la pared con clavos de 2" o clavos para metal de 1 1/2" (sobre los costados de metal). Quite el sellador sobrante.

12 Deslice la cubierta decorativa en su lugar entre las alacenas de la pared. Taladre agujeros guía a través del marco de la alacena con una cuchilla de avellanado. Fije el tablero de la campana a las alacenas con tornillos de metal de 2 1/2".

Variación en la campana de ventilación

El tiro de aire de la estufa tiene un ventilador interconstruido que saca el aire por la parte inferior trasera o la inferior de una alacena de piso. Las hornillas con ventilación hacia la parte inferior son una excelente elección para una unidad central o una península.

La unidad de ventilación montada en la alacena de pared se fija a la parte inferior de una alacena alta y corta de 12" a 18" de alto. Los ductos metálicos van por dentro de esta alacena de pared.

ÍNDICE